멀티잡 프로젝트

누구나 쉽게 할 수 있는 투잡, N잡을 넘어 나에게 딱 맞는 잡 플랜 실전 로드맵

멀티잡 프로젝트

초판 1쇄 인쇄 2022년 9월 20일
초판 1쇄 발행 2022년 9월 28일

지은이 이진아

발행인 백유미 조영석

발행처 (주)라온아시아
주소 서울특별시 서초구 효령로 34길 4, 프린스효령빌딩 5F

등록 2016년 7월 5일 제 2016-000141호
전화 070-7600-8230   **팩스** 070-4754-2473

값 18,000원
ISBN 979-11-92072-87-6 (03320)

라온북은 독자 여러분의 소중한 원고를 기다리고 있습니다. (raonbook@raonasia.co.kr)

MULTI JOB

누구나 쉽게
할 수 있는
투잡, N잡을 넘어
나에게 딱 맞는
잡 플랜
실전 로드맵

멀티잡 프로젝트

PROJECT

이진아 지음

RAON
BOOK

시대의 변화를 '내 것'으로, 멀티잡 플랜을 준비하라

세상이 변하는 속도가 너무나 빨라졌다. 경제 상황, 사회 구조, 트렌드가 바뀌는 속도뿐 아니라 인간관계의 소통 방식과 사회적 관습까지도 하루가 다르게 변하는 중이다. 이처럼 빠르게 변하는 4차 산업혁명의 속도를 뒤따라가고 이에 맞는 조건과 역량을 갖추기 위해 사람들은 매우 바쁘고 또 끊임없이 준비하는 삶을 살아야 한다. 우리가 맞이하고 있는 시대가 그러하다.

이런 시대의 속도에 뒤처지지 않기 위해서는 변화에 적응하는 것을 넘어서서 변화를 직접 주도해보고 이를 '내 것'으로 만드는 일이 필요하다. 변화를 주도하고 이를 '내 것'으로 만들 수 있는 가장 손쉽고도 가까운 일은 단연코 '잡(Job)'과 '수입'일 것이다. 변화의 중심에서 사람들의 관심과 집중이 이 2가지에 집중된 이유가 여기에 있다.

필수적인 생계 수단이자 삶의 질을 높이기 위한 수단으로 사람들은 자신의 수입을 더욱 업그레이드하고 수익의 구조를 다각화하기 위해 필요한 여러 방식을 찾아 나선다. '투잡'에 이어 어느새 'N잡'이라는 말이 생겼으며, 본업·부업을 구분하는 것이 아니라 여러 직업 모두를 자신의 본업처럼 인식하기도 한다. 이 책은 여기에서 더 나아가 자신의 다양한 강점과 역할을 발휘하여 '멀티잡(Multi Job)'을 실현함으로써 '멀티잡 홀더(Multi Job holder)'가 되는 길을 제시한다.

나는 10년이 넘는 시간 동안 진로와 취업 분야에서 다양한 사람들을 만나 컨설팅과 강의 활동을 해왔다. 나이, 직무, 경력을 불문하고 수많은 사람들을 만나며 그들이 갖고 있는 직업에 대한 여러 고민을 함께해왔다. 어떻게 진로를 설계해야 하는지 고민하는 학생들, 구체적인 취업 준비 방법을 알고 싶어 하는 취업 준비생들, 회사 생활을 안정적으로 하고 있는 것처럼 보이나 내면적으로는 진로에 대한 불안함을 안고 있고 앞으로의 미래·경력 관리·이직 준비 방식이 궁금한 재직자들, 경력이 단절된 사람들, 새로운 출발을 희망하는 퇴직 예정자들, 무엇보다 현재 수입을 생각했을 때 앞으로의 남은 생까지 미래를 설계하며 새로운 수익 구조에 대한 필요성을 느끼는 많은 사람들까지 유형도 다양했다. 이 모든 걸 통틀어서 '잡' 분야에 대한 고민이라 지칭했을 때 그에 대한 고민은 당연지사라는 것을 느낄 수 있었다.

잡에 대한 고민의 유형이 어떠하든 상관없다. 마땅히 자신의 미래를 설계하는 데 필수 요소로 함께해야 하는 존재라는 사실은 변하지 않으므로, 누구나 해야 하는 고민이자 앞으로도 계속 준비하고 계획해야 하는 고민이다. 이 책은 멀티잡의 필요성을 자신의 일로 받아들이고, 이를 누구나 '내 것'으로 만들 수 있음을 알리기 위한 목적에서 썼다. 또 이 책을 계기로 많은 이들이 막연하게 생각했던 멀티잡의 길을 함께 걸어갈 수 있도록 시작을 위한 용기와 구체적인 방법을 제시하려 애썼다.

1장에서는 왜 지금이 기회의 땅인지, 디지털 세계에서 살아남아 미래를 주도하는 방법으로 멀티잡이 왜 중요한지 등 나만의 콘텐츠를 만들어야 하는 이유에 관해 설명하고자 했다. 또한 수익의 다각화를 뜻하는 나만의 머니러시에 관해 담았다.

2장에서는 나만의 아이템과 컬러 등 차별화된 강점을 찾아 수익으로 연결하는 방법과 트렌드에 맞춰 나의 콘텐츠를 꾸미고 어필할 수 있는 노하우를 담았다.

3장에서는 나에게 맞는 잡 플랜(Job Plan)을 위한 나만의 키워드 찾는 방법, 서브 자격증으로 몸값 업그레이드하는 방법, 성공 노트 작성법, 시간 분배 노하우 등 멀티잡 플랜 설계 비법을 공개한다.

4장에서는 진로 선택 전 고려해야 할 세 가지, 관심사 찾기, 취업 노하우 등 진로에 관한 다양한 시선을 가질 수 있는 내용과 더불어 실제 직무에 적용 가능한 역량 개발, 능력 강화 등 진로, 취업, 이직의 실전 로드맵으로 구성했다.

5장에서는 멀티잡을 위한 동기부여와 다양한 정보를 얻는 방법 그리고 멀티잡으로 새로운 수익과 삶을 살아가고 있는 사람들의 사례를 담았다. 부록은 잡 컨설턴트가 답해주는 진로와 취업 그리고 이직에 관한 Q&A로 꾸몄다.

멀티잡은 어려운 접근이 아니다. 누군가의 사례를 보고 생각만 하고 멈춘다면 내 것이 될 수 없겠지만 다른 이들의 사례와 구체적으로 제시된 방식들을 하나하나 차근차근 연습해보고 실천한다면 충분히 멀티잡 홀더로서의 길을 한 걸음씩 내디딜 수 있다. 그 길은 대단하고 특별한 사람들만 가는 길이 아니며 그 시작 역시 어렵고 특수한 것이 아니다. 나를 돌아보는 것에서부터 시작하고 내가 할 수 있는 것부터 하나씩 접근한다면 충분히 원하고 희망했던 잡과 수입에 대한 목표를 달성해낼 수 있다. 이 원칙만 지킨다면 성공한 프로페셔널리스트(Professionalist)는 이제 당신의 이야기가 될 것이다.

이진아

MULTI
JOB

2장

내게 맞는 아이템 찾기

MULTI
JOB

5장

성공한 멀티잡 홀더들

1장

멀티잡의
시대가 온다

디지털 세계,
기회의 땅이 열리다

모든 것이 모바일로 통하는 세상

지금 당장 누군가가 "당신이 가진 물건 중 단 하나의 필수품만 선택할 수 있다면 무엇을 선택할 것인가요?"라는 질문을 해온다면 나는 아마도 '스마트폰'을 선택할 것이다. 나뿐만 아니라 거의 대다수의 사람들이 이러한 선택을 하지 않을까 예상해본다. 스마트폰 안에는 나에 대한 수많은 '정보'가 들어가 있는데다가, 일상생활의 모든 영역에서 스마트폰 없이 해결할 수 있는 것들이 거의 없기 때문이다.

스마트폰 하나면 밖에서 업무를 보는 것도 가능하다. 그리고 교통카드와 신용카드 기능도 모두 가능하니 나는 지갑을 놓고 다니게 된 지도 오래되었다. 스마트폰만 있으면 은행에 방문하지 않고도 금융거래가 가능하고 친구를 기다리거나 대중교통으로 이동할 때는 OTT(Over The Top) 서비스를 이용하여 영화와 드라마를 시청하며 시간을 보낼 수 있다.

해외여행을 갈 때도 번역기나 통역기를 돌리면 웬만한 의사소통은 불편함 없이 해결이 가능하다. 비대면 진료로 약을 처방받는 것, 문서를 스캔하고 팩스를 보내는 것까지 지금은 스마트폰 하나로 다 해결되는 세상이 되었다. 과거에는 상상할 수도 없던 일들이다.

'만약 스마트폰 없이 하루를 살아간다면 어떨까?' 하고 상상해본 적이 있다. 아마 매우 낯설고 이상하고 견디기 힘들 것이다. 한 시간, 혹은 30분이라면 어떨까? 그마저도 불안함을 느끼는 사람들이 많을지도 모른다. 누군가는 스마트폰 중독이라고 말할지도 모르겠다. 하지만 워낙 작은 핸드폰 안에 자신의 모든 정보와 활동 수단들이 들어가 있기에 이것이 없어졌을 때 느끼는 불안감은 어쩌면 당연한 것이 아닐까.

나 역시 외출을 할 때 스마트폰만 들고 외출하는 경우가 종종 있다. 이때 배터리가 점점 닳는다면 '집에 갈 때 교통카드는 어떡하지? 이따 물건을 결제할 때는 어떡하지?' 등의 생각으로 불안감을 느낄 수밖에 없어진다. 그만큼 스마트폰 하나로 모든 것이 이루어지는 세상 속에서 우리는 살아가고 있다. 더불어 우리는 스마트폰을 통해 SNS를 이용하며 다양한 사람들과의 실시간 소통이 가능해졌다. SNS 종류도 다양하니 각자의 스타일대로 선택하여 모바일 세상에서 모르는 사람들과도 원활하게 소통할 수 있다. 그러나 너무나도 빠르고 쉽게 정보가 확산되는 디지털 세계는 우리에게 명과 암을 동시에 가져다주었다. 정보의 홍수 속에서 옥석을 가려내는 것이 어려워졌고, 나의 의지와 상관없이 불특정 다수에게 내 정보가 공개되는 것을 막기가 원천적으로 불가능해졌다. 이러한 점도 우리가 받아들여야 할, 디지털 세상의 어두운 부분이다. 앞으로도 여전히 모바일 세상은 점점 진화할 것이다. 진화하는 속도 역시 더욱 빨라질 것이다. "피할 수 없다면 즐겨라"라는 말도 있듯이 흐름을 막을 수 없다면 이에 발 빠르게 대응할 준비를 해야 한다. 모든 것이 모바일로 통하는 세상 속에서 살아남기 위한, 자신만의 특별한 준비가 무엇인지 고민해보아야 한다.

디지털 세계에서 돈을 버는 사람들

스마트폰뿐 아니라 우리의 일상 전반적으로 디지털 세계가 펼쳐져 있다. AI(인공지능)에 대한 담론이 아직은 생소하던 때 이세돌 9단과 알파고의 바둑 대결은 우리에게 큰 충격으로 다가왔다. 이후 인공지능으로 인해 새로 생길 직업, 사라질 직업 등을 이야기하며 많은 뉴스와 기사에서 AI에 대한 이야기가 서서히 퍼져 나갔다. 그때만 해도 나는 이런 이야기가 나와는 상관없는, 아주 먼 미래의 이야기일 것이라는 착각 속에 살았다. 그러나 AI는 점차 우리 사회의 다양한 영역에서 퍼져갔고 이제는 일상에서 자연스럽게 마주칠 수 있게 되었다. 커피나 음식을 주문할 때 키오스크로 주문하는 것이 익숙하며, 웬만한 식당에서도 서빙 로봇이 음식을 가져다준다. 자율 주행차는 점점 그 기술이 진화해간다. 많은 기업의 서비스센터는 전화의 부담감을 줄여주며 챗봇을 이용한 편리한 상담 서비스를 제공하고, 스마트폰의 인공지능 음성 인식 비서는 심심할 때 좋은 친구가 되어주기도 한다.

이렇게 디지털 세계 속에서 우리는 점점 적응해가며 새로운 기술과 기능은 발전해간다. 그렇다면 우리는 이런 환경에서 어떻게 수익을 내며 살아갈 수 있을까? 사람이 하던 일을 기계가 대신하기에 정작 사람들은 일자리를 잃게 되므로 AI의 발전을 두려워하는 시선도 있다. 그러나 역으로, 이런 시대 변화를 잘 포착해 새로운 직업에 도전하거나 부를 창출하는 기회로 삼는 사람들도 얼마든지 있다. 변화의 격랑 속에서 새로운 도전을 하느냐, 변화의 파도와 함께 밀려가느냐를 선택해야 하는 순간이다.

며칠 전, 외부에서 스마트폰의 배터리가 부족해 당황했던 경험이 있었다. 평소 보조배터리를 귀찮다는 이유로 들고 다니지 않았기에 '어떡하지?' 하고 고민하던 순간, 혹시나 하는 마음으로 '충전'이라는 단어를 검색하였고 보조배터리 대여 서비스 앱을 발견하였다. 가까운 곳에 있는 대여 장소와 대여 가능한 개수를 확인하고 소액으로 결제하여 이용 가능한 서비스였다. 덕분에 나는 한숨 돌릴 수 있었고 이렇게 진화하는 아이디어와 서비스 방식에 감탄을 금치 못했던 경험이 있다. 앱 개발자들은 개발 역량뿐 아니라 아이디어, 창의력 등 모든 면에서 융합형 인재를 요구받는 것이 실감되었다.

빅데이터가 활용되는 분야도 점점 늘어나고 있다. 빅데이터 분석 전문가 과정이나 빅데이터를 활용한 마케터 양성 과정 등 다양한 교육과정과 전문 자격증이 개설되어 운영되는 것 또한 주변에서 자연스럽게 볼 수 있다. 많은 기업에서는 빅데이터 분석 시스템을 통해 고객에게 맞춤 제품을 예측하고 추천하며 수익을 낸다. 예컨대 OTT 서비스에서 나의 취향에 맞는 작품을 추천해주고 그것을 시청한 경험이 한두 번이 아니다.

드론과 같은 기술은 다양한 산업군에서 보편적으로 쓰이고 있다. 농업용 드론은 사람이 힘들게 하던 일을 대신하여 농약을 뿌리고 방역 작업을 하는 등 이제는 워낙 유명할 정도로 쓰이고 있다. 그리고 화재 현장에서의 구조, 수색을 돕는 소방용 드론 역시 큰 힘이 되어준다. 드론을 이용하면 지형이 험악한 곳까지 촬영이 가능하여 영상의 풍부함과 퀄리티를 높일 수도 있다. 내가 강의를 다녀왔던 한 특성화고에서는 학생들이 수업과 동아리 활동을 통해 드론 개발과 조종을 배우고 있었다. 이미 많은 실력을 확보한 모습에서 우리나라 드론 기술의 밝은 미래가 그려졌다.

과거에는 없었던 직업들이 새로 생겨나고, 코로나19로 인해 비대면 문화가 확산됨에 따라 이러한 현상을 중심으로 한 아이템이나 아이디어도 많이 생겼다. 배달 앱을 이용하면 '이젠 이런 것까지 배달되는구나' 하고 놀란 적도 많고 SNS에서 판매되는 제품과 서비스, 여러 유형의 컨설팅 활동을 통해 수익을 내는 사람들을 보면 이제 그것이 당연하다는 인식을 한다. 모바일, SNS 공간은 불특정 다수와의 소통을 통해 똑똑한 수익처가 되어준다.

새로운 직업으로 전환하거나 수익을 내기 위한 수단으로 디지털 공간을 적극적으로 활용하는 사람들이 많이 있는 것처럼 마냥 어렵게 생각하거나 남의 일로 여길 것이 아니라 자신이 할 수 있는 기회로 잡아야 한다. 다양한 모바일 세상에서 멀티잡을 가지며 새로운 수익 구조를 만들 수 있는 자신의 방법을 찾아볼 때다.

디지털 세계를 살아가는 준비, '멀티잡'

디지털 세계의 장점은 기회의 장이 열려 있다는 것이다. 과거에는 시간과 공간의 제약으로 인해 투잡을 하는 것만으로도 대단하다고 여겨지는 시대였다. 그러나 지금은 다르다. 투잡, 쓰리잡을 넘어서서 얼마든지 멀티잡이 가능한 시대다. 회사에서 일을 하는 시간에도 온라인과 SNS상에서 계속해서 매출이 발생할 수도 있고, 반은 자신의 현업에 집중하되 반은 새로운 직업을 위해 도전하는 것이 가능하다.

평생직장, 평생직업의 개념이 사라지고 있다. "당신의 직업은 무엇인가요?"라는 질문보다는 "어떤 직업들을 갖고 있나요?"라는 질문이 더 자연스러워지는 시대다. 그만큼 수익의 다각화를 고민하고 다양한 수단과 방법을 이용해서 기회를 잡는 사람들이 많이 있다. 그러나 여기서 중요한 것은 기회를 얻으려면 준비가 되어 있어야 한다는 것이다. 자신의 멀티잡을 위해 활용할 수 있는 아이템이나 수단과 방법을 고민해야 하고 그것을 실현시키기 위한 구체적인 방향 설정도 필수적으로 이루어져야 한다. 자신만의 수입 경로를 여러 가지로 가져가기 위해 우선시 해야 하는 것은 무엇인지, 자신만의 아이템은 어떤 방식으로 찾을 수 있는지 시간을 갖고 생각해봐야 한다.

이를 위해서는 우선 스스로에 대해 생각하는 시간을 얼마나 가지는지 점검해보고 자신의 재능과 전문성이 무엇인지 명확히 이해해야 한다. 누군가는 본업을 확장하여 그에 맞는 콘텐츠를 개발하고, 누군가는 취미 활동과 관심사가 수입의 경로가 되기도 한다. 더불어 손재주와 지금까지의 결과물도 잘 활용한다면 좋은 수입의 원천이 될 수 있다.

기회의 장이 열렸다는 것은 멀티잡을 본격적으로 수익화하기 전에 필요한 공부와 체계적인 준비가 가능하다는 이야기도 포함된다. 자신의 아이템을 찾았다면 그것을 결과물로 이루어내어 실제 수익까지 내도록 연결을 해주는 시스템이 발달되어 접근성이 좋아지고 있다. 나는 책을 집필하기 전 SNS로 책 쓰기와 코칭에 대한 수업의 존재를 알게 되었고, 줌(Zoom) 특강부터 바로 참여하며 책 쓰기에 대한 관심이 실제 결과물로 이어졌다. 영어를 공부하고 싶은 사람은 꼭 오프라인 영어학원을 가지 않아도 된다. 모바일 기기로 다양한 수업의 형태를 만나며 공부에 접근하는 것이 쉬워졌다. 디지털 세계에서 새로운 분야와 유형의 강좌들이 점점 많아지는 것을 보며 흥미로움과 신기함을 느끼는 요즘이다.

교육을 듣는 것도, 멘토의 실제 코칭을 받는 것도, 다수의 선배들로부터 조언과 후기를 듣는 것도 열려 있는 공간을 통해 원하는 시기에, 원하는 내용을 구체적으로 파악하는 것이 가능하다. 디지털 세계에서 열려 있는 기회의 장을 자신의 것으로 활용하기 위해 열린 마음으로 받아들이고 준비한다면 충분히 멀티잡의 실현이 가능해진다. 그리고 그것은 생각지 못한 수입 원천으로 다가오며 자신의 새로운 방향을 열어줄 것이다.

새로운 성공의 공식,
'멀티플 공식'

하나가 아닌 멀티플 소스를 실현해가는 일

내 주변 사람들만 돌아봐도 이제는 너무도 자연스럽게 본업 외에 수익을 내기 위한 다양한 방식을 고민한다. 지금 당장 시행하지 못하더라도 후일을 위해 공부하고 구체적으로 계획을 세우는 사람들도 많이 있다. 이제는 본업과 부업을 구분한다거나 단순 부수입을 내기 위한 수단으로 잡을 이용하는 것이 아닌, 기존의 잡 외의 새로운 잡을 가짐으로써 본격적으로 자신의 영역을 다방면으로 넓혀나가는 시대가 왔다 해도 과언이 아니다.

직무와 직업의 영역에서 성공하기 위해서는 어떤 준비가 필요할까? 나는 무엇보다 "멀티플 공식을 기억하자"라고 말

하고 싶다. 자신 있는 분야에서 파생되는 영역으로 넓혀가
든 아예 새로운 분야로 접근을 하는 것이든 이제는 하나의
소스가 아닌 멀티플 소스를 실현시켜가는 일이 필요한 세상
이다.

내가 20대 때 직업상담사 자격증을 취득한 후 처음 근무했
던 곳은 창업을 가르치는 직업전문학교였다. 당시 일자리를
찾기 위해 나만의 기준과 소신을 가지고 신중하게 고민하기
보다는 자격증이 우대되고 취업이 어렵지 않게 된다는 것에
덜컥 합격하자마자 다니게 되었다. 그러다 보니 창업에 대해
전혀 관심이 없는 상태에서 시작하여 직업상담사 업무보다
수강생의 창업을 지원하는 업무 분담이 많아져서 진로에 대
한 방황을 하게 되었다.

이때 만난 D 과장은 경영지원팀에서 회계, 총무 등의 전
반적인 관리 업무를 담당하고 있었다. 내가 입사했을 때 이
미 그는 경력이 5년 이상이었으나 높지 않은 연봉과 불투명
한 미래 때문에 늘 '앞으로 무슨 일을 하면 좋을까?' 하는 고
민을 많이 하였다. 창업전문학교에 다니는 이점을 활용하여
교수진들로부터 도움을 받아 오픈마켓으로 온라인 쇼핑몰을
운영하기도 하였으나 그것 역시 단기적인 투자로만 생각하
였다.

그 뒤 10여 년이 지난 현재, D 과장은 한 콘텐츠 회사의 마

케팅 업무를 담당하고 있다. 회계 업무에서 어떻게 직종을 전환했는지 물어보니 각종 자기계발서 등을 읽어보며 마케팅 업무를 활용한 미래 비전을 그려보았고 이후 재직자 국비 지원 교육과 영상을 찾아보며 마케팅 업무를 공부하였다고 한다. 더불어 창업을 가르치는 직업전문학교에서 겉핥기로나마 배운 블로그 작성법과 상위 노출법, 각종 바이럴 마케팅 기법을 이용하여 자신의 강점을 어필하였다고 한다. 이때 나는 다시 한 번 '어떤 경험이든 버릴 것은 없구나', '어떤 상황에서든 이용할 수 있구나' 하고 느끼기도 하였다.

D 과장의 '멀티플 공식' 실현기

그렇다면 지금 D 과장은 앞으로의 진로와 미래를 어떻게 그려가고 있을까? 어느 정도 회사 업무에 적응이 끝나고 나서부터는 업무 외의 시간을 이용하여 외부에서 들어오는 기획서 작성 및 카피라이터 업무를 도와준다거나 사진과 영상의 촬영 및 편집 기술을 이용하여 온라인 마케팅 대행 업무를 하고 있다고 한다. 더불어 최근 많은 사람들이 도전하고 있는 스마트 스토어도 운영 중이나 현재 수익이 낮은 이유를 분석했을 때 위탁 판매 및 수수료, 상품 소싱(Sourcing) 방법 등에 대한 더욱 체계적인 공부가 필요하여 배워가고 있다. 그것을 토대로 목표 수익을 높여가고 있다.

'마케팅 기법은 어떤 분야에서든 필요하다'라고 생각하여 D 과장은 다방면의 마케팅 경험을 쌓으려 노력하고 있다. 자신의 경험과 이력, 기법을 활용하여 마케팅 공부를 희망하는 사람들을 대상으로 멘토 프로그램을 운영하는 것도 기획 중이며 개인 사업의 확장을 위해서도 늘 공부와 시도를 병행하고 있다. D 과장은 자신의 경험과 기술을 적극적으로 이용할 수 있는 방향을 고민하였다. 우리는 회사와 학교를 다니며 생각보다 메인 업무와 공부가 아닌 것으로부터 배우는 경우가 많다. 그것을 똑똑하게 이용하는 것도 멀티플 공식을 풀어나가는 방법이다.

자신의 것으로 만들기 위한 도전과 실행

연예인들이 본업의 불안정성을 해소하기 위함이나 자신의 명성을 이용하기 위함 등 여러 이유로 아예 다른 업종의 개인 사업을 운영하는 것은 이제 흔한 이야기가 되었다. 한때는 여러 셰프들이 방송을 하고 책도 쓰며 요리만이 아닌 자신의 영역을 확장해나갔으며, 유튜브 크리에이터로 활동하는 유명인들은 셀 수 없이 많다. 취미인 운동을 본격화하여 시합을 나가거나 그림 전시회를 연다거나 하는 이야기는 이제 놀라운 이야기가 아니다.

　새로운 분야로 아예 전환하여 집중하는 사람들도 많이 있으나 기존에 하던 일과 병행하는 사람들이 더 많은 시대다. 그리고 그 병행하는 분야의 개수는 점점 더 많아지고 있다. 이것이 멀티플 시대이며 이 시대의 필수 요건인 '도전과 실행'이 충분히 이뤄질 수 있는 환경이 조성되어 있다는 것도 현재를 살아가는 우리에게 이점이 되어준다.

　진로에 대한 고민은 어찌 보면 당연한 것이다. 고민을 안 하는 사람보다 하는 사람이 훨씬 많이 존재할 것이다. '무언가를 해야겠다' 하고 생각하며 계획하는 사람들이 많이 있으나 여기서 중요한 것은 생각만 하고 그치면 안 된다는 것이다. 실행으로 옮겨야 현실이 되고 자신의 것이 된다.

　사회생활을 십여 년을 하고 나이도 30대 중후반이 되다 보니 나 역시 다양한 분야의 다양한 성향을 가진 사람들을 많이 만날 수 있었다. 그중에는 머릿속으로만 도전하는 사람들이 있는 반면 자신이 생각한 것을 꼼꼼하게 알아보고 멀티잡에 대한 도전을 남의 일이라고 생각하지 않고 직접 부딪혀보며 실행으로 옮기는 사람들도 존재한다. 두 가지 경우의 결과는 당연히 달라진다.

사주 보는 일을 시작한 K 예술가

예술 분야에 종사하는 K 씨는 앞서 말한 두 가지 경우 중 후자에 속하는 사람이다. 코로나19로 인해 예술 업계는 다수의 공연이 무산되며 큰 타격을 입었다. K 씨는 줄어드는 수입으로 인해 새로운 분야의 잡을 고민하게 되었다. 그렇다고 본업을 포기하는 것은 아니었기에 꾸준한 연습, 공연의 기회는 잡아가며 병행할 수 있는 길을 찾았다.

수입을 내려면 사람들의 니즈가 있어야 하며 자신의 실력이 기반이 되어야 한다. 또한 공연을 준비하는 시간에 영향을 주어서는 안 되기에 비대면, 온라인상에서의 활동을 생각했다. 그녀는 평소 개인적으로 사주에 관심이 많아 틈틈이 공부를 하고 있었다. 시간이 될 때마다 주변 사람들의 사주를 봐주며 실력을 인정받아왔고 사주 컨설팅을 해보라는 제안도 받을 정도였다. 그녀는 바로 실행으로 옮겼다. 카카오톡 오픈채팅방을 이용한 상담 채널을 운영하기 시작했고, 각종 SNS를 통해 홍보를 했다. 입소문을 타 고객의 유입은 점점 많아졌다.

그녀는 실제 고객을 만나보며 자신의 부족한 점을 캐치하였고 바로 보완하기 위해 단기 스터디 활동도 참여하는 적극성을 보였다. 도전할 수 있는 분야를 자신의 기준 안에서 찾은 것, 멈춰 있지 않고 나아가려 한 것, 무엇보다 생각만 하지 않고 실제 행동으로 옮긴 것이 그녀의 성공요소라고 생각한다.

실행해야 이루어진다

상상과 생각으로는 누구나 다방면의 재능을 인정받으며 큰 수익을 낼 수 있을 것만 같다. 여기서 중요한 것은 실행이다. 우리에게는 충분히 도전하고 실행할 수 있는 각종 채널과 플랫폼이 존재한다는 사실을 잊어서는 안 된다. 처음 시작은 두려울 수 있다. 그러나 시작과 시도를 통해 얻을 수 있는 것은 생각 이상으로 클 것이다.

차근차근 정보를 탐색하고 구체적인 행동 계획을 수립하며 작은 것부터 시작한다면 자신의 영역은 점차적으로 확대해갈 수 있다. 연습용으로 먼저 시작해도 좋고 본격적인 잡으로 추진해나가는 것도 좋다. 내가 수입을 낼 수 있는 분야를 확정했다면 기술을 더 업그레이드해야 할 부분은 지속적으로 채워가며 도전과 실행을 해나감으로써 멀티플 공식을 실현해보자.

머니러시를 위한
1인 마켓 시대

당연한 것이 된 머니러시

멀티플 시대에 필요한 단어 중 하나는 바로 '머니러시 (Money Rush)'다. 서울대 소비자학과의 김난도 교수는 2022년을 이끌 트렌드 용어 중 하나로 머니러시를 제시하였다. 머니러시란 '수입을 다변화하고 극대화하고자 하는 노력'을 의미하는 말이다. 우리는 점점 다양한 방식으로 수입을 내기위해 노력한다. 누군가는 주식, 부동산 등에 투자를 하고 누군가는 여러 잡에 도전하며 수익을 다각화한다. 이런 모습은 특정 인물에게만 보이는 특별한 현상이 아닌 주변에서도 쉽게 볼 수 있는 현상이 되었다.

머니러시가 이렇게 트렌드 용어가 되었다는 것은 시대의

많은 변화를 의미한다. 한때는 "부업이 있다", "투잡을 뛴다"라는 말을 하면 상대방은 "왜? 힘들지 않아?"라고 반응하거나 "대단하다"와 같은 반응을 많이 보였다. 그러나 지금은 달라졌다. "그래야 한다"라는 당연한 반응을 하기도 하고 "나도 해보고 싶다" 하며 방법을 문의한다. 혹은 서로의 정보나 노하우를 공유한다.

과거에는 유튜브 크리에이터나 SNS 인플루언서와 같은 사람들의 이야기를 들으면 다른 세계에 사는 사람들의 이야기인 것처럼 생각했다. 그리고 그들의 영상을 보며 웃고 공감하고 정보를 얻는 활동에 그쳤다. 그러나 이제는 많은 사람들이 자신의 것을 개설하고 시도한다. 콘텐츠를 고민하고 홍보와 노출을 위해 어떤 단어를 선택할 것인지 결정한다.

게다가 이용하고 선택할 수 있는 수단과 방식도 다양해졌다. 내가 처음 투잡에 도전했을 때에는 출근을 하지 않는 주말 시간을 활용하여 직접 오프라인으로 그 장소에 방문해야 했다. 그러나 지금은 본업에 출근을 하여 근무를 하는 시간에도 부차적인 수입이 늘어나거나 온라인과 모바일상에서 수익을 내는 것이 가능하다. 영상을 촬영하고 편집하는 것이 어렵고 부담스럽다면 유튜브가 아닌 다른 SNS 종류를 활용하면 된다. 자신에게 맞는 방식을 선택할 수 있는 폭이 넓어졌고 시도를 해볼 수 있는 기회의 장이 많아졌다.

잡의 트렌드는 계속해서 변화한다. 경제 상황, 사회 구조, 기술의 발전 등 변화를 야기하는 요소가 많다. 지금 머니러시가 트렌드 용어가 된 이유에도 이런 요소들이 반영되었을 것이다. 사람들은 점점 현 직업과 직장의 미래를 걱정하고 지금의 한정된 수입으로는 막막함을 느낀다. 수입의 경로를 다각화함으로써 경제적인 부담감을 줄여가기 위해 고군분투한다. 현 시대를 살아감에 있어 이제 우리는 머니러시를 당연한 것으로 여기며 방법을 고민해야 할 것이다.

1인 마켓의 의미

머니러시를 대비하기 위한 대표적인 방법은 SNS 1인 마켓이다. 1인 마켓은 개인이 SNS를 통해 물건을 판매하고 구입하는 개념으로 생각할 수 있으나 우리는 이를 꼭 물건에 한정할 필요가 없다. 나의 재능, 기술, 경험과 노하우를 판매할 수 있는 플랫폼으로서 SNS와 같은 수단을 이용한다면 그것이 1인 마켓이 되는 것이다. 특히나 사진, 글 등 SNS마다 특색이 반영되며 다양해진 만큼 SNS 활용에 있어서 진입장벽이 더욱 낮아졌기에 이러한 문화는 활성화되어가고 있다.

나는 진로와 취업을 주제로 한 강의를 주로 한다. 그러나 강의뿐 아니라 '숨고'와 같은 재능 공유 플랫폼에 프로필을 등록하여 1대1 개인 컨설팅을 진행하기도 한다. 이렇게 책을 쓰며 저자로 활동하기도 하고 영상 또는 라디오 플랫폼을 통해 콘텐츠를 알리는 것 역시 가능하다. 혹은 좀 더 관심 있는 콘텐츠를 모아 큐레이팅(curating)하는 플랫폼인 '카카오뷰'로 추가적인 수익을 내는 방법도 있다. '나'라는 1인 마켓은 어떤 경로로 어떤 내용을 전달하며 수익을 내느냐를 스스로 선택할 수 있고 얼마든지 누구에게나 열려 있는 도전의 공간이다.

우선 쉽게 접근할 수 있는 것부터 시작해보길 바란다. SNS의 공간은 다수의 사람과 소통하고 연결된다는 점에서 접근성이 매우 좋은 수단이므로 이용하지 않을 이유가 없다. 누군가는 짧은 영상으로 자신의 기술을 홍보하고 해시태그와 링크를 걸어놓음으로써 유입을 유도한다. 한참 집중해서 재미있게 읽다 보면 책이나 제품을 홍보하는 게시글인 것을 발견하여 그 연결성에 감탄하게 된다. 나는 다이어트에 관심이 있어 열심히 본 글을 통해 다이어트 컨설턴트의 SNS에 들어가게 된 적이 한두 번이 아니다.

자신의 SNS를 통해 1인 마켓을 어떻게 운영하고 알릴 것인지에 대한 고민은 지속적으로 이어져야 한다. 또한 기존에 있던 플랫폼에 국한되지 말고 점차 다양해지는 플랫폼에 반응하는 것도 필요하다. 자신의 콘텐츠를 알릴 수 있는 공간은 매우 많다. 우리나라 사람들은 변화와 적응력이 빠른 편이다. 하나에 적응하고 나면 또 다른 새로운 플랫폼 형태가 만들어지고 어느새 사람들이 모여든다. 그런 모든 공간을 이용하든 자신에게 맞는 몇 가지를 선택하든 그것은 본인의 몫이나 아예 존재를 모르는 상황이 생겨서는 안 된다는 것을 명심하자.

머니러시와 1인 마켓, 자신의 방식 찾기

SNS를 이용한 1인 마켓은 이용 방식과 목적을 다양하게 할 수 있다. 예를 들어 인스타그램을 통해 직접 자신의 제품을 판매하는 활동이 이뤄지기도 하나 강사들의 경우 자신이 오늘 어떤 주제의 강의를 했는지 혹은 어떤 교육과정을 수료했는지를 업로드하여 자신의 강의를 알림으로써 강의 의뢰를 받기도 한다. 플로리스트인 나의 지인은 매일 고객에게 판매한 작품 사진을 업로드하여 실력을 인정받고 필요할 때 자신의 매장을 찾을 수 있도록 알린다. 각자마다 어떻게 이용하느냐에 따라 게시글의 콘셉트가 달라질 것이다.

내가 만났던 M 수강생은 IT 개발을 위한 교육과정을 수강하며 주말마다 본가에 가서 농사를 지었다. 부모님으로부터 물려받은 2,000평이 넘는 땅에 농사를 지은 지가 3년이 넘었다고 했다. 더불어 SNS 관리를 통한 홍보와 판매, 농사짓기

브이로그 촬영 및 업로드 등의 활동을 함으로써 머니러시를 위한 수익 다각화를 실현시키고 있었다. 거기에 더불어 취업을 위해 해당 교육과정을 수강한 것이다.

직장인 P 대리는 회사에서 깔끔한 문서 작성력을 인정받고 있다. P 대리의 보고서는 사내에서 샘플로 활용될 정도였으며 주변 동료와 상사들로부터 "노하우 좀 알려줘" 하는 요구가 빗발쳤다. '그냥 묵혀두기엔 아깝다'라고 생각되어 동료들의 칭찬을 용기로 삼아 직장인을 위한 브이로그를 만들기 시작했다. 또한 "재능 공유 플랫폼도 활용해봐"라는 주변의 추천으로 멘토로서도 활동하며 수익을 내고 있다. 조금 더 노하우와 사례가 쌓이면 자신의 기술과 팁을 담은 책을 내거나 소소한 형식이더라도 강의를 진행할 수 있는 방법도 구상 중이다.

머니러시에 대비하여 자신을 콘텐츠화할 수 있는 방법은 얼마든지 있다. 나의 일상에서 찾을 수도 있고 주변의 추천으로 인해 생각하지 못한 재능을 발견할 수도 있다. 아주 대단한 것이 아니더라도 누군가에게 필요하다는 것이 인정된다면 그것을 이용하여 수익을 낼 수 있는 방법을 연구하면 된다.

한꺼번에 여러 가지를 시작하지 않아도 된다. 자신에게 어려운 기준의 플랫폼보다는 접근성이 좋은 것부터, 자신 있는 것부터 차근차근 시작하여 점차 넓혀가면 된다. 물론 1인 마켓을 운영하고 수익 경로를 다각화하기 위해서는 그만큼 부지런해야 한다. 그리고 꾸준해야 한다. 자신의 어떤 부분을 콘텐츠로 삼고 방식과 수단은 무엇이 좋을지에 대해 신중하게 고민한 만큼, 그 고민이 헛된 것이 되지 않게 유지해나감으로써 머니러시 시대에 충분히 대비할 수 있기를 바란다.

2장

내게 맞는
아이템 찾기

나만의 아이템이
머스트 잇템이다

일상에서 사랑받는 아이템

시대와 트렌드를 반영한 아이템들은 다방면에 존재하며 삶의 질을 높여주는 아이템들로 점점 편리한 삶이 그려질 수 있다. 가끔 새로운 아이템을 접하게 될 때면 '어떻게 이런 생각을 했을까?', '왜 이제야 알게 되었나?' 하는 생각이 들 때도 있다. 그리고 '이제는 이게 없으면 불편할 것 같다'라고 생각되는 필수 아이템도 많아졌다. 특히 그중에서 흔하지 않고 기발한 아이디어가 반영되어 사람들에게 사랑받는 아이템들은 소위 '잇템(It-tem)'이라고 명명한다.

'잇템'이란 꼭 있어야 하거나 갖고 싶어 하는 아이템을 뜻하는 말이다. 내가 기억하는 것만 해도 금손으로 만들어주는 헤어 자동 고데기, 홈트레이닝으로 할 수 있는 선 없는 줄넘기, 집에서도 인바디를 측정할 수 있는 체중계 등 무수히 많다. 나는 이러한 잇템들을 주변에 적극적으로 추천하기도 한다.

잘 만든 아이템 하나는 기업과 개인에게 풍부한 수입원이 되어준다. 그리고 그러한 잇템은 특별하지 않아도 누구나 만들어낼 수 있다. 코로나19로 인해 마스크의 수요가 늘어나면서 등장한 마스크 스트랩, 과일을 편리하게 깎을 수 있는 기계, 자동으로 치약을 짜주는 도구 등은 우리 삶에서 조금 더 열린 사고로 니즈가 있는 것을 찾아내는 힘으로부터 나온 것들이다.

이런 유용하고 필수적인 잇템을 이제 우리는 취업 시장에서 찾을 차례다. '나의 직무로 연결할 아이템은 무엇이 있을까?' 하고 고민하는 시간이 필요하다. 그것은 대단한 것이 아니어도 괜찮다. 그것을 통해 무언가의 결과물을 낼 수 있거나 누군가의 니즈가 있는 것이라면 말이다.

나만의 아이템을 찾는 방법

아이템을 찾는 데 도움이 될 수 있도록 나는 한 가지 질문을 던지고 싶다. "만약 자기 자신을 스스로 마케팅한다면 어디에 초점을 맞추고 싶은가?" 광고와 마케팅, 홍보와 같은 계열에서는 해당 아이템을 위해 고객이 원하는 부분, 해당 상품이 갖고 있는 강점에 초점을 맞추며 강조하게 된다. 맥주 광고는 시원함과 청량감이 나타날 수 있도록 목 넘김의 소리를 강조하고, 잇몸 치료약 광고는 음식을 잘 씹는 것의 행복을 강조한다. 렌즈 광고는 눈의 편안함에, 화장품 광고는 젊음과 탄력에 초점을 맞춘다.

자기 자신도 마찬가지다. 다른 이와 비교되는 자신만의 강점에 집중한다면 나만의 아이템을 찾고 그것을 '머스트 잇템(Must It-tem, 반드시 가져야 할 아이템)'으로 연결할 수 있을 것이다. 스스로를 마케팅할 수 있는 기회가 왔다면 어디에 초점을 맞춰 강조하고 싶은가? 낯선 사람과도 쉽게 친해지는 친화력을 강조할 수도 있고, 한 번 시작한 일은 어떻게든 끝을 내는 끈기를 강조할 수도 있다. 뛰어난 계산 능력을, 혹은 글이나 그림 실력을 강조할 수도 있다. 이처럼 자신이 갖고 있는 강점, 즉 아이템을 찾는 연습이 필요하다.

직장인 E 씨는 회사 생활을 하며 주변 상사와 동료들로부터 인정받은 것이 한 가지 있다. 바로 프레젠테이션 자료를 제작하는 능력이다. 회의 시간에 필요한 발표 자료를 만들 때 그는 누군가 만들어놓은 템플릿(Templte) 디자인을 다운로드받거나 기본으로 제공되는 것을 사용하지 않고 늘 직접 디자인하고 만들었다. 회의가 끝나고 나면 꼭 한 번 이상은 듣는 칭찬이 "발표 자료 참 잘 만들었네요", "디자인을 전공했나요?"라는 말이었다.

그는 초등학교 때부터 방과후 컴퓨터교실에서 파워포인트를 배웠고, 중·고등학교에서는 학교 숙제를 할 때 파워포인트를 이용하여 제출하는 경우가 많았다. 대학교에 가서는 조별 과제에서도 발표 자료 제작 역할을 늘 당연하게 맡을 정도였다. 이처럼 자연스럽게 쌓은 실력이었다. 주변 동료들은 그에게 "이 정도 실력의 템플릿 디자인이라면 혼자 갖고 있기에 아깝다"라는 칭찬을 하였고 그는 그 말을 허투루 듣지 않았다.

그는 우선 블로그 운영을 시작했다. 그동안 자신이 만들어 온 PPT 템플릿 디자인을 사람들에게 무료로 제공하였고 깔끔하고 섬세한 디자인의 구성으로 점차 입소문을 타며 방문자 수가 늘어났다. 이것을 더욱 확대하여 본격적으로 홈페이지까지 운영하게 되면서 템플릿 디자이너로 더욱 활약하게 된다. E 씨는 자신의 아이템을 명확히 찾은 것이다.

이처럼 아이템은 본업의 역할이나 전공의 메인 지식이 아니더라도 내가 하고 있는 그 어떠한 역할에서도 찾을 수 있다. 그 역할이 작은 것이든 큰 것이든 상관없이 말이다. 좀 더 다양하게 자신이 하고 있는 역할이나 강점을 세분화시키며 아이템을 찾는 데 집중해보길 바란다. 자신의 어떤 부분을 강조하고 싶은지 말이다.

머스트 잇템으로 만들기

그렇다면 자신의 아이템을 머스트 잇템으로 만드는 방법에는 어떤 것이 있을까? 머스트 잇템이 되려면 우선 스스로 그것이 '머스트'임을 인정해야 하고 주변으로부터 자연스럽게 인정받아야 한다. 결국 자신의 강점과 재능으로 수익화가 가능해지려면 객관적으로 실력을 보유하고 있어야 하기 때문이다.

그간 내가 회사와 사회에서 만난 다양한 사람들은 자신이 갖고 있는 강점을 잘 모르는 경우도 있었고 아주 잘 알고 활용하는 경우도 있었다. 대학에서 근무를 하다 보면 각 부서마다 조교가 존재한다. 그때 만난 한 조교는 외국어에 뛰어난 역량이 있었다. 중국어를 전공하였고 조교로 근무하며 업무 시간 중 여유가 있을 때 틈틈이 베트남어를 독학으로 공부하였다. 그 모습과 과정을 옆에서 지켜볼 때 단지 격려하고 응원의 메시지를 던졌을 뿐, 독학으로 대단한 실력이 될 것이라고 기대하지는 않았다. 그러나 그 조교는 금방 실력이 껑충 뛰었고 누가 보아도 외국어에 타고난 역량이 있음을 인정할 수밖에 없었다. 그는 조교 계약이 끝난 후 자신이 갖고 있는 중국어와 베트남어 실력을 기반으로 무역업에 진출하였다.

또한 머스트 잇템이 되려면 결과물을 낼 수 있어야 한다. 외국어를 잘하는 사람이 공인 어학 점수를 취득하고 디자인 실력이 뛰어난 사람이 공모전에서 수상하는 것처럼 말이다. 사람을 잘 설득하는 언변 스킬을 가진 사람은 우수한 판매 실적을 달성할 것이고 손재주가 좋은 사람은 공예 작품을 만들어낼 수 있다. 자신의 아이템으로 어떤 결과물을 만들어낼 수 있는지 생각해보자.

마지막으로 내가 갖고 있는 아이템을 활용할 분야에는 어떤 것이 있는지 구체적으로 알아야 한다. 세상에는 무수히 많은 직업이 존재한다는 사실은 취업 포털사이트에서 채용 공고만 확인해봐도 알 수 있을 것이다. 그런데 만약 자신이 알고 있는 직업을 적어본다면 과연 몇 개나 적을 수 있을까? 알고 안 하는 것과 모르고 못하는 것은 다르다. 자신이 진출할 수 있는 분야의 세계는 어떠한지 직접 찾아보자.

자신의 아이템이 머스트 잇템이 되는 순간

누구에게나 자기만의 고유한 아이템은 있다. 단지 그것을 아직 찾지 못했을 뿐이다. 천천히 자기 자신을 들여다보고 관찰하는 시간을 갖는다면 자기만의 강점을 발견할 것이고, 이에 집중하면 이를 아이템으로 가려 뽑아낼 수 있을 것이다.

단, 강점이 적용된 아이템을 자기만의 머스트 잇템으로 만드는 데에는 시간이 좀 더 필요하다. 이때는 자신을 더욱 객관적으로 평가하고 현실로 옮기려는 노력을 해야 한다. 이를 위해 필요한 정보를 지속적으로 업데이트하며 자신의 아이템을 강화하기 위한 연습을 해보자. 그러면 어느 순간, 자신의 아이템이 머스트 잇템이 되어 있는 것을 느끼게 될 것이다.

나의 컬러는
무엇인가?

컬러가 나를 가장 효과적으로 연출한다

'컬러' 하면 머릿속에 어떤 생각이 맨 먼저 떠오르는가? 누구는 무지개를 떠올릴 것이고, 누군가는 오늘 입고 나온 재킷 색깔을, 또 누군가는 고개를 들어 하늘을 쳐다보며 '오늘 하늘 정말 파랗다' 하고 생각할 것이다.

더러는 이렇게 일차원적인 컬러가 아닌 컬러가 가지는 의미를 떠올리기도 할 것이다. 자기 합리화의 덫에 걸린 주인공을 그린 영화 〈블루 재스민(Blue Jasmine)〉(2013)의 '블루'처럼 말이다. 이처럼 저마다의 머리에 떠오르는 '컬러'의 이미지는 천차만별이고 또 각양각색이다.

나는 컬러 하면 '퍼스널 컬러(Personal Color)'가 가장 먼저 떠오른다. 퍼스널 컬러의 사전적 의미는 '개인이 가진 신체의 색과 어울리는 색'이다. 즉, 개인의 피부와 머리카락, 눈동자 색과 가장 잘 어울리는 색을 의미한다. 퍼스널 컬러가 중요한 이유는 그 색이 사용자를 가장 생기 있고 활기차게 연출해 주는 최적화된 색이기 때문이다. 그래서 한때 퍼스널 컬러를 이용한 마케팅이 유행한 적도 있다. 지금도 여전히 자신의 퍼스널 컬러를 궁금해하며 찾는 사람들이 꾸준히 많은 것도 이 때문이다.

사람들이 자기만의 색깔을 찾으려 하는 이유는 무엇일까? 세상에는 다양한 색이 존재하는 만큼 다양한 피부 톤이 존재하므로, 자기에게 적합한 색깔을 아는 일이야말로 자신의 개성과 스타일을 가장 효과적으로 연출하는 출발점이 되기 때문일 것이다. 자신에게 잘 맞는 색으로 화장법, 옷, 액세서리 등을 매치했을 때 자신이 가지고 있는 이미지를 극대화할 수 있다. 가끔 특정한 날 유독 "오늘 화사해 보이네?", "이 옷과 참 잘 어울린다" 등의 이야기를 주변에서 듣는다면, 바로 그날이 자신의 퍼스널 컬러에 맞는 매치를 잘한 날이라고 생각하면 된다. 퍼스널 컬러 강의에 늘 수강생이 많이 몰리는 이유도 여기에 있다.

"당신을 나타내는 색은 무엇인가요?"

인터넷에는 본인의 퍼스널 컬러를 진단하는 자가진단법이 많이 올라와 있다. 요즘은 취업박람회장에서도 퍼스널 컬러를 진단하는 부스를 설치해놓는 경우가 많다. 오프라인에서는 지역별로 퍼스널 컬러를 진단받을 수 있는 카페나 스튜디오가 영업 중이다. 이는 확실한 자신의 퍼스널 컬러를 찾기 위해 자가진단보다 전문가를 찾는 이들이 점점 많아지고 있다는 방증이다. 특히 웜톤과 쿨톤을 빠르게 알려주는 온라인 앱 등은 메이크업과 의상 매치를 훨씬 쉽게 하도록 방향을 제시해준다.

앞서 말했듯이 사람들이 퍼스널 컬러에 열광하는 이유는 나에게 맞는 컬러를 찾고 자신의 이미지를 더욱 세련되고 긍정적으로 연출할 수 있기 때문이다. 게다가 더 잘 어울리는 옷과 화장법을 찾음으로써 자신감 있는 개성을 발휘할 수 있다. 다만 여기서 중요한 포인트는 이렇게 자신을 제대로 파악하고 그에 맞는 컬러를 찾는 것을 외적인 모습에만 국한하지 않는 것이다. 외적인 컬러만큼 내적인 컬러도 중요하다. 자신의 내면이 가리키는 컬러를 제대로 알 때, 스스로를 이해할 수 있고 또 본인이 원하는 삶의 방향도 찾을 수 있게 된다.

만약 지금 "당신을 나타내는 색은 무엇인가요?" 하는 질문을 받는다면 어떤 색이라고 답하겠는가? 기다렸다는 듯 "나는 빨간색", "나는 파란색" 하고 망설임 없이 말하는 사람도 있을 것이다. 반면에 '무슨 색이 좋을까?', '좋아하는 색을 묻는 걸까?', '평소 잘 입는 옷의 색을 말하는 걸까?', '어떤 색을 봤을 때 마음의 안정이 드는가를 말하는 걸까?', '사실 한 가지 색으로 단정 짓기는 힘든데' 하며 주저하는 사람도 있을 것이다.

후자처럼 자신을 컬러로 표현한다는 것에 익숙하지 않아 부끄럽거나 어색해할 수도 있다. 그러나 어렵게 생각하지 말자. 자신의 컬러를 찾는 일은 어렵지 않다. 나를 가만히 들여다보며, 내가 어떤 색을 갖고 있는지 찾아보는 연습을 하면 된다.

이제는 "나의 컬러는 ○○○이다"라고 먼저 나서서 말해야 하는 시대다. 아이템도 마찬가지다. 퍼스널 컬러를 이용해 스스로 개성을 찾고 연출하는 것처럼 나만의 아이템도 스스로 찾고 발굴해야 하는 시대다. 퍼스널 컬러를 알아야 자기에게 어울리는 스타일을 구현하듯이, 자신의 아이템을 알아야 그것을 활용한 멀티잡을 구현할 수 있다. 자신을 어필하고 드러내는 수단과 방법은 여러 가지다. 그중 한 가지 대표적인 수단이 되어줄 방법으로 퍼스널 컬러를 활용해보면 어떨까?

만약 자신의 컬러를 모르겠다면?

자신의 컬러를 찾는 것에 어려움을 느낀다면 그 이유 중 하나는, 많고 많은 색 중에서 딱 한 가지의 색을 고르려 하기 때문일 것이다. 자신을 나타내는 색으로 꼭 한 가지만을 선택할 필요는 없다. 세상에는 수많은 색채가 존재하듯이, 사람도 마찬가지다. 또 같은 사람이라도 장소와 때에 따라 컬러가 다양하게 나타날 수도 있다. 어느 날은 통통 튀는 비비드 컬러가 될 수도 있고 어느 날은 차분한 파스텔 컬러가 될 수도 있다. 또는 "나는 한마디로 무지개 색이야"라고도 할 수 있다.

한 사람이 이처럼 여러 가지 색을 나타내는 이유는 우리가 여러 상황에서 여러 모습으로 자신을 드러내기 때문이다. 편한 친구들과 있을 때, 가족을 대할 때, 연인을 대할 때, 회사에서 근무할 때, 낯선 사람을 만날 때의 내 모습이 각기 다르기 때문이다. 사람들은 모두 여러 개의 가면, 즉 여러 개의 '페르소나(Persona)'를 가지고 생활하는 것이다. 개인은 무수히 많은 가면을 갖고 상황에 따라 그에 맞는 역할을 하며 살아간다.

나는 우리집에서는 '아주 발랄하고 철없는 딸'이지만 청중을 상대로 하는 무대 위에서는 '진지하고 어른스러운 모습의 연사'가 된다. 그런가 하면 친한 친구들 사이에서는 '엉뚱한

푼수'가 되기도 한다. 내가 누군가를 만난다면 여러 개의 가면 중 하나를 꺼내 쓰는 것이다. 심지어 나는 청중이 청소년이냐, 대학생이냐, 중장년층이냐에 따라서도 각기 다른 가면을 쓴다.

우리는 이처럼 상황에 따라 다양한 모습으로 살아가므로, 만약 자신의 컬러를 모르겠다면 컬러를 찾는 일을 과감히 그만두라고 말하고 싶다. 왜냐하면 우리는 다양한 페르소나를 가지고 살 듯, 우리의 컬러도 얼마든지 다양하게 나타나고 달라질 수 있기 때문이다. 그러니 자신의 컬러를 하나에 국한시키려 하지 말고 다양하고 자유롭게 놓아두자. 그리하다 보면 언젠가는 메인 컬러와 서브 컬러가 나타날 때가 올 것이고 그 컬러가 자신에게 갖는 의미와 이유도 정리될 것이다.

자신의 컬러를 찾는 법

내 컬러는 강의할 때는 레드, 강의가 끝나고 난 후에는 블루 사파이어다. 강의 무대에서는 열정을 상징하는 레드처럼 최대한의 에너지를 쏟아 붓기 때문이고 만족스러운 강의를 마친 후에는 청량한 블루 사파이어처럼 시원함과 성취감을 느낄 수 있기 때문이다. 그런가 하면 청소년 수강생을 만났을 때는 따뜻한 오렌지 계열의 컬러가 되고 청년층을 만났을 때는 실질적인 정보를 전달하는 네이비 컬러가 된다. 편한 사람들과 함께할 때는 마음이 평화로운 파스텔 톤이 되고 즐겁게 놀 때에는 무지개색이 혼합된다. 집에서 휴식을 취할 때는 녹색의 컬러로 충전이 된다. 이처럼 상황과 장소, 상대방에 따라 자신이 생각하는 자신의 컬러를 스스로 찾아보자.

나의 어머니의 옷장은 검은색으로 가득하다. 그렇다고 내가 어머니를 떠올릴 때 검은색만 생각날까? 오히려 검은색은 전혀 떠오르지 않는다. 따뜻한 오렌지색의 느낌, 포근하고 편안한 녹색의 느낌 등 다른 색이 떠오른다. 자주 입는 옷과는 별개로 그 사람이 갖고 있는 성향이나 이미지가 주는 컬러가 있는 것이다.

반대로 나의 지인 중 한 사람은 보라색을 굉장히 좋아한다. 갖고 있는 소품과 물건 대부분이 보라색이다. 집에 있는 수건과 가운도 보라색으로 가득하다. 그런데 그녀를 상징하는 색을 묻는다면 가장 먼저 떠오르는 것은 보라색이다. 그녀처럼 자신이 좋아하는 색이 뚜렷하고 그것을 적극적으로 반영하는 사람들도 있다. 이것 역시 자기만의 컬러가 된다.

자신의 컬러를 결정하는 이유는 각자 다양할 것이다. 상황에 따라 나의 컬러는 무엇인지 생각해보고 나를 나타낼 가장 대표적인 색은 무엇인지도 고민해보자. 한 가지 메인 컬러로 굳이 규정하지 않아도 좋다. 다만 자신이 어떤 상황에서 어떤 컬러로 반응하는지만 안다면, 그것으로 충분하다. 또, 그리하다 보면 자신의 메인 컬러가 무엇인지도 파악하는 순간이 오게 될 것이다.

자신을 이해하기 위한 내면의 퍼스널 컬러

퍼스널 컬러는 자신에게 맞는 개성을 연출하기 위한 좋은 수단이 되어준다고 나는 강조하였다. 이와 마찬가지로, 멀티 잡을 위해서도 자신의 개성을 잘 나타내줄 아이템을 찾아야 한다. 그 아이템은 자신의 외적인 퍼스널 컬러를 찾는 것처럼 자신의 내적인 퍼스널 컬러를 찾는 것이라 생각하면 된다.

자신의 컬러는 영원히 고정적이지 않다. 매해 트렌드 컬러가 바뀌고 계절마다 대표하는 색이 달라지는 것처럼 우리의 컬러 역시 올해의 컬러와 내년의 컬러가 달라질 수 있다. 일을 할 때의 컬러와 놀 때의 컬러가 달라질 수 있는 것이다. 그럴수록 우리의 페르소나는 더욱 다양해질 테니 말이다. 자신에게 맞는 퍼스널 컬러를 찾고 적재적소에 활용하자. 일을 할 땐 레드의 컬러를 활용하여 열정을 다하고 쉴 땐 하늘색의 컬러를 활용하여 여유를 즐기는 것처럼 말이다.

여러 컬러 중에서 중심의 컬러가 잡혔다는 것은 자신의 삶에서 가장 중점적으로 두는 것이 무엇인지를 파악하는 데 도

움이 된다. 또한 "때로는 나의 컬러는 이것이 되기도, 저것이
되기도 해" 하고 말하듯 서브 컬러를 찾는 과정을 통해 자신
의 여러 모습과 그 모습에서 느끼는 감정을 이해하며 자신을
더욱 파악해가기를 바란다. 자신의 내면 퍼스널 컬러를 찾아
봄으로써 자신에 대한 이해와 아이템을 찾는 방법이 더욱 확
장되어갈 수 있을 것이라 생각한다.

내가 잘하는 것이
수익을 가져다준다

할 줄 아는 것과 잘하는 것은 다르다

우리는 각자 잘하는 것이 다르며, 수준 역시 천차만별이다. 직업을 고민하는 입장에서 '내가 잘하는 것이 무엇이고, 그것으로 얼마큼의 수익을 낼 수 있을까?' 하고 생각하는 것은 어찌 보면 당연한 과정이다. 여기서 문제는 "당신이 좋아하는 것이 무엇인가요?"라는 질문에는 대부분 답을 잘하지만 "당신이 잘하는 것은 무엇인가요?"라는 질문에는 당당하고 자신 있게 답변하지 못하는 경우가 많다는 것이다.

할 줄 아는 것과 잘하는 것은 다른데, 내가 지금 하고 있는 것을 잘하는 것이라고 말해도 되는지 확신하지 못할 수 있다. 어느 정도 수준이 되어야 잘한다고 당당히 말할 수 있는 것인지, 잘하는 것으로 수익을 내는 현실적인 수단과 방법은 무엇이 있는지에 대한 고민은 당연히 따라올 수밖에 없다.

잘하는 것을 찾는 방법에는 여러 가지가 있다. 막연히 상상과 짐작으로 '잘할 수 있을 것 같은데?'라고 생각할 수는 없으므로 자신이 지금까지 쌓아온 다양한 경험과 지식에서 찾을 수 있다. 여기에는 전공, 돈을 벌어본 경험, 취미 활동, 개인적으로 공부한 것들 등이 있다.

우선 전공을 생각해보면 전공을 통해 쌓은 실력이나 지식, 과제물 등의 결과물이 있을 것이다. 나는 전공이 여러 가지다. 첫 번째 전공은 치위생과다. 당시 적성, 흥미 등을 고려했다기보다는 전문직으로 진출할 수 있고 취업이 잘되는 학과를 선택했다. 나는 전공을 통해 공식적인 치과위생사 면허증을 취득하였고 치아 스케일링을 할 수 있는 자격을 갖추고 있다. 두 번째 전공은 상담심리학과다. 치위생과 졸업 후 '이제는 내가 진짜 하고 싶은 공부를 하자'라는 생각에 편입하여 공부하였다. 상담심리학과에서는 여러 학자와 유형에 따른 다양한 상담이론을 공부하였다. 그 당시에는 공부가 매우 어려웠지만 지금은 그것이 나의 지식이 되어 강의를 할 때 종종 이론에 대한 지식을 꺼내기도 한다. 마지막 전공은 대학원에서 배운 HRD(Human Resources Development), 즉 인적자원개발학이다. 조직에서 구성원의 적응과 개발을 위해 여러 교육을 진행할 때 필요한 이론, 모델, 교수법 등을 배울 수 있었다.

내가 전공을 살려서 수익을 낼 수 있는 방법에는 어떤 것이 있을까? 한때 '치아 스케일링 센터를 만들면 어떨까?' 하고 생각한 적이 있다. 현실적인 여건상 꿈만 꾸고 말았지만 말이다. 그러나 현재 강의 활동에 도움이 되는 것도 사실이다. 대상층이 치과나 병원에서 근무하는 사람들일 때, 내가 갖고 있는 지식을 이용하여 그들에게 맞는 강의를 제공하는 것으로 활용한다.

만약 당신이 경영학을 전공했다면 인사, 마케팅, 회계 등 다양한 분야를 공부했을 것이다. 각 분야마다 직무와 역할이 모두 다른데, 그중에서 어떤 것이 자신 있는가? 혹은 상담심리학을 전공하였다면 아동, 청소년, 노년 등 대상을 나눠볼 수 있고 여러 상담심리 분야를 나눠 선택할 수도 있다. 이처럼 각자 전공에서 주된 분야로 배운 것이 아니더라도 세분화시켜 자신이 잘할 수 있는 것을 찾아보자.

내가 해온 활동과 경험을 정리해보기

잘하는 것은 경험에서도 찾을 수 있다. 지금까지 해온 아르바이트, 회사 이력, 취미활동, 개인적인 경험 등 자유롭게 생각해보자. 카페에서 아르바이트를 한 사람은 자신의 카페를 오픈하는 경우들이 있다. 헬스앤뷰티 스토어에서 근무한 사람은 자신의 이력과 지식을 바탕으로 뷰티 유튜버로 활동한다. 나의 동료 중에는 드라마 보는 것과 글 쓰는 것을 좋아하는 사람이 있다. 그는 일을 하며 주말 시간을 이용해 드라마 작가 아카데미 과정을 수료하였고 드라마 작가의 높은 벽에 부딪혔지만 이후 책을 쓰는 활동을 하고 있다. 대학교에서 진로상담을 하던 또 다른 동료는 진로상담 때 이용하던 MBTI(Myers-Briggs-Type Indicator, 성격유형검사)에 큰 매력을 느꼈고 이후 그 외에도 다양한 심리검사 유형을 공부하며 현재는 대학에서 나와 심리검사 전문가로 활동하고 있다.

주변으로부터 "너 이것 참 잘한다" 하고 인정받은 것들은 무엇이 있는가? 술을 잘 마시는 친구에게 "소믈리에 쪽으로 해보는 건 어때?" 하고 추천하거나, 요리를 잘하는 사람에게 "요리 블로그 운영을 해보는 건 어때?" 하고 추천하는 것처럼 주변의 인정은 나름 객관적인 평가가 되어주기도 한다. 먹방 유튜버들 중에는 실제로 주변으로부터 "참 잘 먹는다", "복스럽게 먹는다" 등의 피드백이 있었기에 시작한 경우도 많을 것이다.

따로 온라인이나 오프라인에서 교육을 수강하였거나 자격증을 취득한 경험이 있을 수도 있다. 나는 20대 중반 진로에 대한 고민이 많을 때 우선 기본적이고 공통적으로 필요한 컴퓨터 자격증을 취득하며 시간을 보냈다. 당시 진로 분야는 잡지 못했지만 '어딘가에는 쓸모가 있지 않을까?' 하는 생각 때문이었다. 그리고 지금의 강사 일을 본격적으로 시작하기 전에 필요한 공부와 준비를 위한 시간을 가졌고, 그때 현실적인 수입을 위해서 초등학교 방과후 컴퓨터 강사 일을 하였다. 취득해놓은 컴퓨터 자격증 덕을 본 셈이었다.

내 지인 중 한 명은 재테크를 위해 개인적으로 부동산 경매를 공부하였다. 회사에 다니면서 저녁이나 주말을 이용하여 온라인 강의를 수강하였고, 어느 정도 지식이 쌓인 후에 가입해놓은 커뮤니티 사람들의 도움을 받아 함께 경매 현장을 발로 뛰어다녔다. 그다음 단계로 지인은 경매 물건을 계약하는 데 성공했고 이후로 점차 계약 건수와 노하우를 쌓아 지금은 다른 사람에게 지식을 전달하는 유튜버와 강사 활동을 계획하고 있다.

전공, 다양한 경험, 지식 활동 등 내가 잘하는 것을 찾을 수 있는 출처가 매우 다양하며 사람마다 다르다. 자신에게 맞는 아이템을 찾기 위해서는 내가 어떤 활동과 경험을 해왔는지 정리해보는 게 필요하다. 그 안에서 조금 더 확장시킬 수 있는 키워드를 발견하게 될 것이다.

잘하는 것의 기준

다양한 경로와 출처를 통해 자신이 잘하는 것에 대한 그림을 그려봤다면 이제는 좀 더 객관적인 시선으로 본인의 위치와 수준을 볼 차례다. 잘하는 것으로 수익을 내는 직업으로까지 연결해야 하기 때문에 어느 정도 수준으로 잘하는 것인지, 타인과 비교했을 때 잘한다고 말해도 되는 수준인지 등을 파악하는 일이 필요하기 때문이다.

그렇다면 '잘하는 것의 기준'은 과연 무엇일까? 우선 내가 갖고 있는 것 혹은 자신 있는 분야에 대해 누군가에게 명확히 설명할 수 있느냐로 판단할 수 있다. 즉, 단순 개념이나 의미를 설명하는 것에서 더 나아가 전체적인 프로세스를 말할 수 있는지가 하나의 기준이 되는 것이다. 예컨대 누군가가 나에게 "진로상담을 어떻게 하나요?"라고 물어본다면 "심리검사를 이용해 자기를 먼저 객관적으로 탐색한 후 본인이 희망하거나 검사 결과 항목이 추천하는 직업 분야를 보고 그와 관련한 정보를 찾는 방법을 제시해줘요. 그러고 나서 그것을 기반으로 진로 로드맵을 설계할 수 있도록 툴을 제안하고 검토해줘요"라고 대답한다. 디테일하진 않더라도 전반적인 흐름 정도는 막힘없이 설명해줄 수 있어야 자신이 그 분야에서 잘하는 것이라 말할 수 있는 것이다.

혹은 자신이 결과물을 낼 수 있느냐를 생각해보는 것도 방법이다. 만약 어떤 책을 읽고 그것을 나만의 생각으로 다시 재생산하여 프레젠테이션 자료로 만들어보거나 두 시간 분량의 강의를 준비한다고 생각해보자. '내가 지금 잘하는 게 맞을까?' 하고 의구심이 든다면 이렇게 구체적인 결과물을 만들 수 있느냐 여부를 적용시켜보면 도움이 될 것이다.

지금 자신이 잘하는 분야 한 가지가 떠올랐다면 연결해보자. 전반적인 프로세스의 흐름이나 깊이 있는 분야에 대해 설명할 수 있는지, 결과물의 자료로 만들어낼 수 있는지를 말이다.

니즈가 모이는 곳에 수익도 모인다

잘하는 분야에 대한 객관적인 평가가 이루어졌다면 이제 그것을 어떻게 수익으로 연결할 수 있는가를 생각해야 한다. 결국 수익이라는 것은 이것을 원하는 사람들의 니즈가 있는지 여부에 달린 것이다. 그것이 불특정 다수가 되었든 특정 인물이나 조직이 되었든 말이다.

근래 들어 MBTI 검사가 유행이다. MBTI의 인기로 인해 이제 단순히 '내가 이런 성향이구나' 하고 파악하는 것에서 나아가 그것을 다른 방향으로 활용하길 원하는 사람들이 늘어났다. 그래서 관련 주제에 맞게 상담을 진행해주는 MBTI 카페나 상담센터 등도 곳곳에 다양하게 생겨나고 있다.

내가 아는 커플은 MBTI 카페를 함께 방문하여 검사지로 진단을 해보고 각자 성향에 대한 설명, 갈등이 일어나는 이유, 앞으로 서로 배려해야 할 부분 등을 듣고 유익한 시간을 보냈다고 한다. 다른 이들은 MBTI를 이용해 진로를 선택하거나 미래를 설계하는 방향으로 상담을 받을 수도 있다. 수익을 내는 것은 이처럼 사람들의 니즈가 있는 분야로 접근해야 가능하다.

나는 메이크업 순서와 피부 관리에 대한 지식이 부족한 편이다. 그런데 '뷰티에 대한 욕심은 나이가 들수록 점점 많아지니 어떻게 하면 좋을까?' 하고 고민하게 되었다. 그때 '뷰티 유튜버를 찾아보면 되겠구나' 하고 생각했고 꽤 많은 전문가들로부터 실질적인 도움을 받을 수 있었다. 그들 중에는 피부과에서 일했던 사람, 화장품 업계에서 일했던 사람도 있었지만 본업과 상관없이 본인의 관심 분야라서 유튜버 활동을 하는 경우도 많았다. 또한 유튜버들 각자의 콘셉트는 가지각색이지만 공통적으로 올리는 콘텐츠는 모공 관리에 대한 이야기였다. 그만큼 사람들의 니즈가 많다는 뜻일 것이다.

다만 지금 잘하는 것을 수익으로 옮기려면 좀 더 공부와 노력이 필요하다. 어떤 자격증을 취득했다고 하여 그 분야의 지식과 기술이 다 내 것이 되지는 않는다. 실무 적용을 위한 연습은 필수다. 그러나 자격증을 취득했다는 것은 기본 지식의 밑바탕은 깔려 있다는 것이므로 그다음 단계로 공부에 매진해야 한다. 자신 있는 특정 분야를 찾았다면 실질적으로 수익을 낼 수단과 필요한 공부를 찾고 이행하는 것이 잘하는 것을 수익으로 연결하는 지름길이다.

잘하는 것은 결국 수익으로 이어진다

경험이든 전공이든 관심사든 누구에게나 잘하는 것 한 가지쯤은 있으며, 그것을 명확히 찾아야 한다. 그리고 이를 타인에게 제공하기 위해 행동으로 옮겨야 한다. 잘한다는 것은 '남들보다 뛰어나거나 그것으로 인해 결과물을 낼 수 있다'라는 뜻이므로 그만큼 수익으로 연결될 가능성도 높다. 단, 이때는 결과물을 어떤 방식으로 낼 것인가를 결정해야 한다.

내가 잘하는 것이 누군가에게는 필요한 것일 수 있다. 그러면 상대방은 내게서 그 부분을 배우고자 할 것이다. 그리고 적극적인 요즘 사람들은 이런 소망을 마음속에만 가두어두지 않고 실제 배울 방법을 찾는다. 온라인이 되었든 오프라인이 되었든 말이다.

기업과 조직도 마찬가지다. '누구나 필요로 하는 인재'는 결국 우리 기업과 조직에 수익을 낼 수 있는 사람, 특정 분야에서 결과물을 낼 수 있는 사람을 의미할 것이다. 따라서 그 분야에서 가장 잘하는 사람을 찾는 것은 어쩌면 당연한 일이다. 내가 잘하는 분야를 찾고, 그 일에 매진하면 자연스럽게 수익으로 연결되는 이유가 여기에 있다.

남들 가는 길이 아닌
내가 가고 싶은 길로

주변에 동화되어 주체성을 잃는 건 금물!

우리는 가정, 학교, 회사, 친목 모임 등 규모에 상관없이 어딘가에 소속되어 있다. 그리고 그 안에서 작은 소집단이 형성되기도 한다. 학교를 다니며 동아리 활동을 하기도 하고 회사를 다니며 소소하게 스터디에 참여할 수도 있다. 그리고 이러한 소속으로 인해 나를 둘러싸고 있는 사람들이 많아지기에 그들로부터 영향을 받게 된다. 어쩌면 서로에게 영향을 주고 동화되어가는 것은 당연한 현상일 수도 있다.

그런데 여기서 문제는 주변인에게 동화되어 자신의 주체성을 잃는 경우가 있다는 것이다. 인생의 길과 방향을 스스로 잡는 것이 아닌 친한 친구, 혹은 옆에 있는 동료가 가는 방향을 마냥 따라가는 경우가 있다. 혹은 스스로 주변 사람과 비교를 하며 비슷한 환경임에도 자신이 너무 뒤처진 것은 아닌지 불안함과 초조함을 느끼는 경우도 많다.

저마다 따로 갈 길이 있다

C 씨와 D 씨는 대학교 3학년에 재학 중이다. 이 둘은 같은 학과에 재학 중인 친구 사이다. 대학교에 입학한 것이 엊그제 같은데 어느새 고학년이 되었고 본격적으로 취업 준비를 해야 하는 상황이기도 하다. 그런데 C 씨는 현재 전전긍긍한 상태다. 다른 동기들은 졸업 후 목표가 뚜렷한 것 같고 필요한 자격증, 대외활동, 공부 등 해야 할 일도 명확해 보였다. 공기업을 준비하는 친구, 창업을 준비하는 친구, 대학원 진학을 준비하는 친구 등 자신의 미래를 설계한 후 그 길을 향해 최선을 다하는 것처럼 보였다. 그러나 C 씨는 '아직 나는 진로 방향을 명확하게 잡지 못했고 벌써 3학년이라서 늦었어', '일단 아무 곳이라도 취업을 해야 하지 않을까?' 하는 생각 등으로 머릿속이 복잡했다. 그래서 친구 D 씨를 따라 무작정 공기업 스터디에 참여하게 되었다.

D 씨는 희망하는 공기업 우선순위도 명확했고 그에 따른 필수요건, 우대사항을 준비하는 것에도 철저히 임하고 있었다.

그러나 C 씨는 불안한 마음에 '뭐라도 해야겠다'라는 생각으로 무작정 친구를 따라 공부를 시작한 경우다. 공기업을 희망하지도, 생각해본 적도 없었기에 스터디에 참여하면서도 '이게 맞나? 내가 왜 이러고 있지?' 하며 답답한 생각이 가득해졌다. 결국 시간 낭비였다는 것을 C 씨는 인정했다. 당장 마음이 초조하더라도 남들 하는 것을 무작정 따라 하기보다는 자신을 더욱 살펴보고 본인이 가고자 하는 길이 무엇인지 차근차근 생각해보는 과정이 필요했다. 당장의 시작은 늦을지 몰라도 오히려 방향이 명확해짐으로써 앞으로의 할 일과 목표가 뚜렷해지기 때문에 그만큼 활기와 에너지도 충분해질 것이다.

특히 20대 초중반이거나 대학교 고학년이 되면 '이제 너무 늦지 않았나?'라고 생각하는 사람들이 많다. "제가 나이가 좀 많은데 기업에서 싫어하지 않을까요?"라고 질문했던 여학생의 나이는 고작 스물여섯 살이었다. 어떻게 생각하면 그 나이 때에는 한 살이 크게 느껴질 수 있다. 그러나 회사에서 바라볼 때는 스물다섯 살이나 스물여섯 살이나 크게 차이가 없다. 자신이 희망하는 방향이 뚜렷한지, 그에 맞게 얼마나 체계적으로 준비해왔는지가 훨씬 중요하다는 것을 기억하자.

나의 길은 내가 선택하자

나는 대학교에서 수많은 학생들을 상대로 진로상담을 하며 다양한 유형을 만날 수 있었다. 전공에 대한 만족도가 매우 높아서 전공을 살린 진로를 희망하는 유형도 있었고, '성적에 맞춰 전공을 선택하다 보니 만족도가 높은 것은 아니나 그래도 전공을 살려야 한다'라고 생각하는 유형도 있었다.

그중 상담사로서 고민을 많이 했던 유형은 전공을 살려 진로를 선택하느냐, 아니면 정말 자신이 하고 싶은 일을 도전해 보느냐의 기로에 놓인 학생들이었다. 고민에 빠졌던 이유는 전공을 살릴 경우 취업을 하는 데 크게 어려움이 없으나, 하고 싶은 일에 도전할 경우 현실의 벽에 부딪히는 상황이 존재하기 때문이었다.

K 씨는 유아교육학과를 전공하고 있었으나 사실 희망하는 분야는 따로 있었다. 그녀는 강아지 두 마리를 기르며 전문 미용 숍에 맡기지 않고 스스로 미용을 해줄 정도로 실력이 좋았다. 자연스럽게 반려동물 미용 쪽으로 관심을 많이 가졌고, 단순한 흥미가 아닌 일상의 시간과 에너지를 많이 쏟을 정도였다. 틈만 나면 반려동물 미용 영상을 시청했고 미용 도구를 검색했다. 미용 시 주의사항, 반려동물의 행동 연구 등에 대해 자신도 모르게 푹 빠지며 공부했다. 희망 진로 분야가 아주 뚜렷했던 것이다.

그러나 안전한 길을 포기한다는 것에 대한 부모님의 반대가 있었고, 같은 과 동기들 사이에 있다 보니 '나도 그냥 전공 살리는 게 맞는 건가? 반려동물 미용은 취미로 가져가야 하나?' 하고 망설여졌다. '지금 내가 터무니없는 선택을 하는 건가?' 하는 생각이 들면서 머릿속이 복잡해졌던 것이다.

나는 그녀에게 우선 삶의 가치관이 무엇인지 물었다. 삶을 살아가며 중요하게 생각하는 기준이 무엇인지 말이다. 스스로 자신의 가치관을 생각하며 선택의 기준을 잡을 수도 있어서다. 그녀는 답변을 하는 과정에서 스스로 커리어의 중요성을 가치 있게 생각하고 있음을 확인하였다. 무엇보다 일의 중요성에 큰 의미를 부여하고 있었고 "10년 뒤 희망하는 모습을 스스로 그려보면 행복해요"라고 말하였다. 나는 그녀에게 "그렇다면 주변 사람들의 이야기보다는 자신의 이야기를 먼저 집중해서 들으세요" 하고 권유하였다.

그리고 우리는 다음 단계로 직접 그 일을 경험해볼 수 있는 활동을 찾았다. 평소에도 많은 관심을 갖고 있었으나 좀 더 공식적인 활동을 경험해봄으로써 그 일에 대한 감을 잡고 현실적으로 준비할 필요성이 있어서였다. 애견미용대회, 다양한 동물을 대상으로 미용 실습을 해볼 수 있는 봉사활동 등에 참여했다. 현직자가 모여 있는 커뮤니티에도 가입하여 활동을 시작하였다. 점차 이력을 쌓아갔고 취업할 수 있는 경로를 확인하였으며 시간을 계산했을 때 당장 해야 할 일의 우선순위를 선정하였다. 그리고 끝내 그녀는 반려동물 미용사 진입에 성공했다.

K 씨는 "직업이란 것은 스스로 살아가는 길이며 하루의 대부분을 차지하는 일인 만큼 자신이 주체적으로 선택하는 것이 무엇보다 중요한 것 같아요"라고 이야기했다. "학과 동기들에게 휩쓸려서 혹은 부모님의 반대로 전공을 살린 길을 갔다면 아마 많이 후회했을 거예요"라고 말하기도 했다. 한 번쯤은 자신의 내면의 이야기에 집중해보자. 내가 가고 싶은 길이 진정으로 어떤 길인지 고민해보는 시간은 매우 소중하다. 현재 7년째 반려동물 미용사로 활동 중인 K 씨는 지금도 현재의 자리에 머물지 않고 자기 내면의 이야기에 집중하며 미래를 설계해나가고 있는 중이다.

진로는 자기 맞춤형이어야 한다

진로상담 초반에 내가 가장 강조하는 것은 '자신에 대한 이해'다. 내가 어떤 사람인지, 무엇을 중요하게 여기는지, 어떤 것을 꾸준히 했을 때 성공할 가능성이 있는지 등을 이해하고 있어야 합리적인 진로 방향을 잡을 수 있다.

주변인으로부터 성장 자극을 받거나 필요한 정보를 교류

하는 것은 매우 훌륭한 방법이나 남들과 비교하며 초조해하고 불안해해서는 안 된다. 진로는 개인적인 것이며 자기 맞춤형이어야 한다. 남들의 속도에 맞추려 하지 말자. 내가 가고 싶은 길을 생각해보고 현실적으로 시작할 수 있는 방법을 고민하는 것이 훨씬 나에게 필요한 과정이며 이득이 되는 길이다.

물론 아직 내가 가고 싶은 길을 못 찾을 수도 있다. 그런 상황일수록 더욱 초점을 타인이 아닌 자신에게 맞추고 스스로의 이야기에 집중하는 시간을 갖자. 주변 사람들을 마냥 따라가는 것이 아닌 기준을 자신에게 맞추고 잠시 멈춤의 시간을 갖는 것이다. 느린 것, 천천히 가는 것이 꼭 나쁘기만 한 것은 아니다. 올바른 방향을 잡는 것이 속도보다 훨씬 중요한 것이다. 내가 진정으로 원하는 길이 무엇인지 생각하는 데에 소요되는 시간을 아까워하지 말자.

사소한 질문에서
시작해 답을 찾아가자

가장 먼저, 자신에게 묻자

나만의 맞춤 아이템을 찾기 위해서는 스스로에게 질문을
던져보는 것도 좋다. 우리는 처음 만난 타인과 친해지고 알
아가기 위해서 "어떤 것을 좋아하나요?", "여가 시간엔 무엇
을 하나요?" 등의 질문을 던진다. 그러나 정작 자신에게 질문
을 던지는 시간은 소홀히 여기는 경우가 많다. 반드시 필요
하고 귀한 활동임에도 불구하고 말이다. 이것을 기억하고 자
신을 알아가기 위한 질문을 만들고 스스로 답변을 내보는 것
을 추천한다.

나에게 던지는 첫 번째 질문은 가벼운 것으로 해보자. "내
가 좋아하는 일이 무엇인가?" 막연하게 느껴진다면 무엇을

할 때 시간 가는 줄 모르는지, 어떤 일을 반복해서 행하고 싶은지, 여가 시간엔 무엇을 하며 보내는 것을 좋아하는지, 업무를 할 때 집중해서 하게 되는 일이 무엇인지 구분 지어서 생각해도 좋다. 하나의 직업 안에서 우리의 업무를 세분화시켜보면 알 수 있다. 개인적으로 집중해서 작업하는 일, 둘 이상의 사람과 소통해야 하는 일, 아이디어가 필요한 일, 체계적이고 정확성이 요구되는 일 등 다양할 것이다.

그러고 나서 두 번째 질문을 던져보자. "내가 잘하는 일은 무엇인가?" 답변이 어렵다면 주변에서 인정과 칭찬을 받았던 기억을 떠올려보자. 다만 그 일을 할 수 있는 수준이 객관적으로 어느 정도라고 생각되는지 파악해야 한다. 개인적으로 친구 사이에서 인정받는 것도 괜찮고 공식적인 잡 역할에서의 것도 괜찮다. 말을 잘하는 사람, 글을 잘 쓰는 사람, 외국어에 강한 사람, 디자인 감각이 뛰어난 사람, 손재주가 좋은 사람 등 우리의 재주 영역은 다양하다.

마지막으로 질문을 던져보자. "내게 중요한 일은 무엇인가?" 그것은 가치 또는 신념이라고 하며, 내가 무언가를 선택해야 하는 기로에 놓였을 때 결정의 기준이 되는 힘이기도 하다. 가치는 옳거나 틀린 것이 없으며, 정답이 있는 것이 아니다. 즉, 서로 다른 것이므로 자신만의 기준을 찾아봐야 한다. 가족과 인간관계가 될 수도, 금전적인 행복이 될 수도 있다.

또는 건강, 즐거움, 열정 등이 될 수도 있다.

점검하고 또 점검하자

좋아하는 일, 잘하는 일, 중요한 일 세 가지를 물어보았다면 이제 이를 점검할 차례다. 이를 위해 현재의 자신을 점검할 수 있는 질문을 던져보자.

첫 번째 질문은 "오래된 습관이 있는가?"라는 것이다. 자연스러운 습관인 것도 있고 일부러 습관으로 만든 것도 있을 것이다. 습관을 유지하고 있는 이유는 아마도 그것을 통해 얻고 있는 긍정적인 영향이 있기 때문일 것이다. 메모하는 습관, 하루 한 페이지라도 책을 읽는 습관, 몸을 움직이는 습관 등 사람마다 여러 습관을 갖고 있다. 배우 배종옥 씨는 18년간 108배를 하며 몸과 마음을 다스리고 있다고 한다. 습관이 되기까지는 당연히 쉽지 않았다. 반복적으로 한 달을 하고, 두 달을 하며 자신의 것으로 만든 것이다. '작심삼일도 열 번 반복하다 보면 30일이 된다'라고 생각하고 꾸준함을 믿자. 그리고 자신이 갖고 있는 습관 중 남들에게 자랑하거나 추천할 만한 것은 없는지 생각해보자.

두 번째 질문은 "최근 한 주간 어떤 생활을 하였는가?"라는 것이다. 물론 학교나 학원을 다니고 회사 생활을 하게 되면 똑같이 반복되는 규칙적인 활동들이 있을 것이다. 그렇다면 하루의 일과 그리고 한 주의 시간을 전체적으로 돌아봤을 때 흥미로웠던 것은 무엇이었는지, 새롭게 경험한 것은 있는지, 그것을 경험할 때 느낀 감정은 무엇인지도 떠올려보자.

세 번째 질문은 "설레는 마음으로 기꺼이 행동으로 옮길 때는 어떤 때인가?"라는 것이다. 우리는 살아가면서 하기 싫은 일을 해야만 할 때도 있다. 혹은 과거에 좋아했던 일도 권태감과 지겨움을 느끼며 주춤하거나 망설여질 때도 있다. 그렇다면 현재 고민 없이 기분 좋게 행동으로 바로 옮길 수 있는 일은 무엇인지, 왜 그렇게 반응하는지 한번 생각해보자.

네 번째 질문은 "현재 자주 보는 책들이나 영상들의 장르는 무엇인가?"라는 것이다. 관심이 가고 흥미를 느껴서, 알고 싶다는 호기심이 생겨서, 부족한 부분을 충족시키고 싶어서, 그 분야에서의 지식을 쌓고 싶어서 등 찾아보는 이유는 다양할 것이다. 자신이 제일 집중하고 검색하고 있는 장르를 찾아보자. 자신의 현재 모습을 점검하게 되면 '잘 몰랐는데 내가 요즘 이것을 주로 하며 살아가고 있고 이것을 할 때 즐겁구나. 내가 그런 생각을 갖고 있구나' 하며 객관적으로 자신을 정리할 수 있을 것이다.

삶을 돌아보는 질문으로 마무리하자

자신에게 묻고, 점검하였다면 이제 자신의 삶을 전체적으로 돌아보고 미래를 향해 나아갈 수 있는 생각을 정리할 차례다. 어떻게 살아왔고 어떻게 살아가고자 하는지 방향이 명확할수록 자신의 맞춤 아이템이 힘을 더욱 갖게 된다. 이때는 자기 삶을 돌아보는 질문으로 마무리하는 것이 좋다. 나는 대개 세 가지 질문을 권한다.

먼저 첫 번째 질문을 던져보자. "스스로 전문가라고 생각하는 분야는 무엇인가?" 여기서 말하는 분야는 오랜 경력 또는 경험을 쌓은 분야나 스스로 객관적인 결과물을 낼 수 있고 그것에 대해 타인에게 긍정적인 피드백을 들었던 분야를 포함한다. 꼭 직업으로 갖고 있는 전문성이 아니어도 괜찮다. 자신의 아이템은 일상에서도 찾아볼 수 있는 것이다. 본업은 따로 있지만 요리 솜씨가 좋아 유튜브나 블로그로 기록을 남기는 경우도 있고 취미로 하게 된 폴 댄스(Pole Dance)를 전문적으로 배워 주말이나 야간에 시간 강사로 활동하는 경우도 있다.

전문가라고 말하기가 힘들다면, "깊이 있게 접근하고 싶은 분야는 무엇인가?"라는 질문으로 바꾸는 것도 좋다. 그것을 위해 지혜와 지식은 무엇으로부터 얻을 것인지, 그리고 그것을 확장시켜서 타인에게 제공할 수 있는 서비스 분야는 무엇이 있는지도 연결해서 생각해보자. 과거부터 관심 있었으나 아직 시도해보지 못한 분야도 있고, 새롭게 접한 분야도 있을 것이다. 자신에게 가능성이 열렸으면 하는 분야, 아직 한 번도 시도해보지 않았으나 가장 해보고 싶은 것 등에 대해 자유롭게 생각해보자.

그러고 나서 두 번째 질문을 던져보자. "지금부터 1년 안에 이루고 싶은 목표가 있는가?" 일에서의 목표, 개인 생활에서의 목표, 인생에서의 목표 등 제한을 두지 않고 자신의 목표를 잡아보자. 그 목표를 이룬 후 1년 뒤 자신의 모습은 어떨지 생각해보고, 그 목표를 위해 한 해 동안 중점적으로 노력할 것 역시 행동형으로 세 가지 정도 생각해보자.

끝으로 세 번째 질문을 던져보자. "나의 인생 만족도는 10점 만점을 기준으로 몇 점인가?" 만족도의 기준은 사람마다 다를 것이다. 지금 그 숫자가 낮아도 괜찮다. 낮으면 높일 방법을, 높으면 유지할 방법을 고민하면 된다. 그리고 실천하면 된다. 지금 하고 있는 일을 확장할 수도, 새로운 일을 도전해볼 수도 있다.

자기 자신에 대한 이해가 가장 중요하다

나만의 맞춤 아이템을 찾기 위해 가장 먼저 자신에게 가벼운 질문을 던지는 것으로 시작해 현재를 점검하고, 끝으로 자신의 삶을 돌아보는 시간을 가져보기를 추천했다. 이 세 가지 권유가 가리키는 요점은 결국 '자기 자신에 대한 정확한 이해'다. 어찌 보면 너무나도 당연하고도 중요한 것인데도 가장 잘되지 않는 경우가 많다. 혹은 생각보다 많은 사람들이 자신에 대한 이 사소한 질문에 대해 쉽게 답을 내리지 못한다. 나를 가장 잘 아는 것은 나 자신이어야 하는데 말이다.

내가 어떤 사람인지 모른다면 나의 잡 역시 찾기 힘들어진다. 스스로의 성향, 취향, 특성 등을 먼저 찾는 것은 아주 중요한 시작임을 기억하자.

꾸준히 유지할 수 있는
채널을 선택하라

채널의 의미와 종류

자신에게 맞는 아이템을 찾으려면 우선 자신이 어떤 일을 하고 싶은지를 알아야 한다. 그리고 이를 위해서 자신에게 맞는 채널을 찾고 그에 맞는 활동을 직접 수행해보길 권한다. 채널마다 활동의 스타일이 다르다. 글 쓰기, 사진 찍기 등 유형이 다양할 것이므로, 나와 잘 맞는 활동이 무엇인지를 파악한 뒤에 그에 맞는 채널을 찾는 것이 중요하다.

여기서 '채널'이란 나의 실력, 나의 콘텐츠, 나라는 존재를 알릴 수 있는 공간을 모두 아우르는 의미라고 생각하면 된다. 예컨대 인스타그램, 블로그, 유튜브, 카페 커뮤니티, 심지어는 카카오톡이나 텔레그램 단톡방도 모두 해당된다.

지금은 바야흐로 퍼스널 브랜딩 시대다. 퍼스널 브랜딩 (Personal Branding)이란 자신을 브랜드화하여 특정 분야에서 인정받고 자신을 먼저 떠올릴 수 있게 만드는 과정을 말한다. 이제는 수많은 타인을 고객이라 가정하고 직군·분야에 상관없이 스스로의 가치와 능력을 어필하고 알림으로써 수익을 내는 시대라는 이야기다. 그리고 이런 과정 자체를 직업으로 연결할 수 있기 때문에 퍼스널 브랜딩을 우린 고려할 필요가 있다.

우리가 흔히 알고 있는 채널에는 어떤 것이 있을까? 가장 대표적으로 사람과의 소통을 중심으로 한 인스타그램, 페이스북, 트위터 등의 SNS가 있고, 글쓰기 중심의 블로그와 브런치 같은 플랫폼도 있다. 혹은 자신 있는 전문 분야의 내용을 도서로 출간하는 사람도 있다. 커뮤니티 형태의 카페, 밴드도 채널의 종류이며 영상 위주의 유튜브와 틱톡도 마찬가지다. 혹은 개인 홈페이지를 운영하는 것, 오디오 중심의 팟캐스트(Pod Cast), 멘토가 되어 강좌를 운영하거나 활동할 수 있는 클래스101이나 숨고 등 채널의 종류는 무궁무진하다.

사실 이것 외에도 채널의 종류는 셀 수 없이 많을 것이다. 어떤 수단을 내가 어떻게 활용하느냐에 따라 자신의 채널이 될 수 있다. 또한 이 채널들은 각각 특징이 다르다. 같은 SNS 종류도 인스타그램과 트위터의 특징이 다르다. 예를 들어 인스타그램은 사진 위주다. 사진을 중심으로 자신의 일상을 공유하고 사람들과 소통한다. 트위터는 사진보다는 메시지 형태의 소통 방식이다. 좀 더 실시간 위주의 형식이라는 특징도 있다.

채널의 종류가 다양하다는 것은 그만큼 선택의 폭이 넓어진다는 것일 뿐, 이 모든 것을 다 이용해야 한다는 압박과 욕심을 가질 필요는 없다. 자신에게 맞는 채널은 사람마다 다르므로 그것을 찾아보는 시간을 가져보자. 그러다 보면 '내가 이것에 자신 있구나' 하고 느끼게 될 것이다.

유행보다는 나에게 맞는 채널로!

요즘은 모든 채널이 고루고루 이용되며 주목받고 있지만 한때는 특정 채널이 유행이 되어 좀 더 활발하게 많은 사람들이 집중하고 이용하는 경우도 있었다. 그러나 유행에 너무 민감할 필요가 없다. 나에게 맞는 것과 맞지 않는 것이 따로 존재하기 때문이다.

경영지원 부서에 근무하는 박 대리는 본업 외에 인플루언서를 꿈꾸며 자신의 일상뿐 아니라 업무에 관한 것, 정보를 제공할 수 있는 것 등 다양한 주제로 블로그를 활발히 운영하였다. 시대의 흐름에 민감하게 반응하는 박 대리는 열심히 블로거로 활동하던 중 인스타그램이 많은 이들에게 각광받는 것을 알게 되었다. 그래서 곧바로 활동의 주 무대를 인스타그램으로 옮겼다.

그러나 두 개의 채널은 특징이 너무 달랐다. 블로그는 '글'이 중심이 되지만 인스타그램은 '사진'이 중심이기 때문이다. 박 대리는 글쓰기에는 자신이 있었으나 사진은 영 자신도 없었고 사진으로 최대한 어필하고 홍보하는 것에 한계를 느꼈던 것이다. 자신에게 맞는 채널을 꾸준하게 유지하는 것이 훨씬 이득이라는 것을 깨달은 박 대리는 두어 달 만에 다시 블로그로 돌아왔다.

어떤 채널이든 유행보다는 '꾸준함'이 중요하다. 꾸준하게 하려면 결국 나에게 맞는 채널을 찾아야 한다. 나에게 맞는 채널이란 무엇일까? 내가 자주 업로드할 수 있고 불편함을 느끼지 않는 채널, 내가 가장 익숙하고 자신 있게 장기를 펼칠 수 있는 채널이다. 단, 기본적인 귀찮음과 불편함은 다른 영역이니 이를 잘 구분하자.

또한 자주 업로드를 할 수 있으려면 그 활동에 재미를 느껴야 된다. 억지로 스트레스를 받아 가며 할 필요는 없다. 더불어 채널 운영을 잘해야 한다. 결국은 사람들의 반응이 와야 하므로 스스로 잘할 수 있다고 판단하는 채널을 찾아야 하는 것이다.

매일 다른 기차 사진을 올린 고등학생

그렇다면 나에게 맞는 채널은 어떻게 찾을 수 있을까? 우선 가장 자신 있는 것을 생각하자. 글쓰기에 자신이 있다면 블로그와 브런치로 시작하고, 사진 찍는 것이 즐겁고 좋다면 인스타그램을 주목하자. 영상과 소리, 자막이 잘 어우러지게 편집하는 것이 좋다면 유튜브를 선택하면 된다. 무엇보다 자신이 잘할 수 있고 즐길 수 있는 것을 고르는 게 좋다. 그 방법이 현실적으로 접근성이 좋기 때문에 시작하기도 편할뿐더러 지속하기도 좋다. 괜히 자신에게 어울리지 않는 것으로 시작한다면 어색해서 쉽게 진입하지 못할 수도 있다.

나는 개인 채널을 선택할 때 블로그부터 시작하였다. 물론 처음엔 혼자 괜히 어색해서 '다른 사람에게 이야기하듯 써야 하나? 아니면 혼자 생각을 정리하듯 써야 하나?' 하고 고민했다. 그러나 '우선 꾸준히 해보자'라는 생각으로 글을 올리는 데 집중했다. 그렇게 하다 보니 차차 어색함도 사라지고, 시간이 지날수록 어떤 주제의 글을 올리고 싶다는 아이디어도 생겨났다. 내가 생각하는 블로그의 강점이자 매력은 자신의 생각이나 이야기, 전문 분야에 대한 내용을 다른 이들과 공유하고 스스로 정한 주제를 자유롭게 펼치고 정보를 제공하면서 자신의 의견이나 주장을 글로 어필할 수 있다는 점이었다.

나와 달리 인스타그램, 페이스북 등의 좀 더 직관적인 SNS로 본인의 채널을 시작하는 경우도 많을 것이다. 인스타그램 하면 생각나는 한 고등학생이 있다. 고등학교 강의 현장에서 만난 그 학생은 쉬는 시간에 나에게 오더니 "선생님, 제 인스타그램 한 번 보실래요?" 하며 신나게 자신의 채널을 홍보하고 자랑했다. 그 학생의 흥분되고 상기된 모습이 지금까지도 기억에 남는다.

당시 나는 그 학생의 인스타그램을 보고 놀라지 않을 수가 없었다. 그 학생은 거의 매일 각기 다른 지하철역과 기차역을 찾아가서 열차의 사진을 찍어 올렸다. 그 학생의 인스타그램에는 저마다 다른 분위기의 역과 열차가 빼곡하게 담겨 있었다. 그 인스타그램을 본다면 누구나 그 학생의 열차에 대한 애정과 열정을 인정하지 않을 수가 없었다. 그 학생은 진로역시 그 방향이었기 때문에 나중에 이력서에 SNS 주소를 꼭 기재할 것을 추천하였다. 내가 기업의 오너라면 무조건 그 학생과 만나보고 이야기를 나눠보고 싶을 것 같아서였다.

팟캐스트로 확장된 B 씨의 영화 수다

오디오 형식의 팟캐스트도 매우 흥미진진한 채널이 된다. 영화광 B 씨는 함께 국내 영화제를 돌아다니는 D 씨를 만나면 자연스레 늘 영화 이야기를 주고받았다. 어느 날 문득 B 씨는 두 사람이 나눈 영화, 시나리오, 배우 관련 이야기가 일회성으로 그치고 사라지는 것에 아쉬움을 느껴 둘의 대화를 녹음으로 남기자고 제안했다. 그리고 나서 그것을 더 발전시켜 B 씨는 영화 이야기를 하는 팟캐스트로 영역을 확장하였다.

B 씨처럼 대화하는 것을 좋아하고 목소리나 발음에 자신이 있다면 팟캐스트를 시작해보기를 추천한다. 심지어 녹음 방식이니 더 부담이 없을 것이다. '팟캐스트 스튜디오'라고 검색해보면 각 지역별 예약이 가능한 스튜디오가 많이 보일 것이다. 아무래도 좀 더 전문적인 마이크와 장비를 갖춘 곳에서 시작한다면 마음가짐이 달라질 것이니 이를 이용해보자.

채널로 수익 내기

앞서 말한 채널들 외에도 내가 원하는 다른 채널로 수익을 내는 방법도 있다. 숨고, 크몽 등이 대표적으로 수익을 창출할 수 있는 채널이다. 여기서 좀 더 확장한다면 온라인 클래스를 운영하는 것도 방법이다. 클래스101과 같은 채널을 통해 크리에이터로 지원하여 자신의 강좌를 체계적으로 운영할 수 있다. 이 채널은 초보자도 얼마든지 도전할 수 있도록 도와주는 매니저가 있고 스텝별로 체계적으로 운영되기 때문에 '과연 내가 가능할까?' 하고 걱정할 필요가 없다.

이처럼 사람은 취향과 개성이 다르고 자신 있는 분야와 접근성 부분에서도 차이가 있다. 나에게 맞는 채널, 지금 당장 시작할 수 있는 채널, 그리고 꾸준하게 유지할 수 있는 채널을 선택해보자. 이때 중요하게 두어야 할 기준은 당장의 수익에 너무 연연하지 않아야 한다는 것이다. 수익이 오르지 않더라도 주 2회, 주 3회 등 횟수를 정해놓고 꾸준히 게시 글을 올리는 것을 목표로 하든, 팔로워 수 등의 고객 참여도를 높이는 것을 목표로 하든, 자신의 채널을 사용하는 목적과 그 안에서 이루고자 하는 목표를 달성하기 위한 기준을 정하는 것이 중요하다. 그리하면 그다음 스텝으로 확장해나갈 방법도 그려질 것이다.

나에게 맞는 채널을 선택한다는 것

자신에게 맞는 채널은 사람마다 다르다. 유행에 너무 연연할 필요가 없다. 특정 채널 하나가 중점적으로 집중되고 나머지는 도태되는 분위기가 아니다. 여러 채널을 통해 사람들은 결국 유입된다. 나 역시 유튜브뿐만 아니라 인스타그램, 숨고 등 다양한 채널을 활용하여 원하는 정보를 얻는다. 그것이 성장하는 길이다. 각 채널의 특징을 이해하고 무엇보다 꾸준히 유지할 수 있는 채널을 선택하자. 그러고 나서 바로 시작하자. 기록으로 남기고 나의 콘텐츠가 하나씩 쌓일 때마다 노하우도 점차 쌓일 것이다. 그리고 좀 더 자신의 콘텐츠를 확장해나갈 수 있는 다른 채널도 선택할 수 있을 것이다.

자신에게 맞는 채널을 선택한다는 것은 자신에 대한 이해도를 높이는 방법이다. '내가 이것에 자신이 있구나' 하고 실질적으로 파악하며 연습하고 훈련해갈 수 있는 길이니 곰곰이 생각해보고 시작할 것을 추천한다.

MULTI JOB

3장

잡 플랜을 어떻게 설계할 것인가?

서브 자격증에
도전하라

자격증은 내가 보낸 시간을 알고 있다

진로나 직업의 설계·계획을 상담해오는 사람들에게 내가 첫 번째로 하는 질문이 있다. 바로 "현재까지 취득해놓은 자격증이 몇 개 있나요?" 하는 것이다. 국가자격뿐 아니라 민간 자격까지 자격증 유형은 종류도 많고 개수도 많다. 자격증을 취득하는 목적 역시 다양하다. 취미로 이색 자격증에 도전하는 사람도 있고 전공으로 인해 해당 전문 분야의 자격증을 취득하는 사람도 있다. 그런가 하면 엑셀, 한글 등 컴퓨터 자격증과 한국사 자격증은 취업 준비를 위해서 많은 사람들이 기본적으로 취득하는 것들이다.

직업 설계를 하고자 한다면 가장 먼저 자신이 보유하고 있

는 자격증을 나열해보자. 책상 위에 자격증을 일렬로 정렬해
놓고 그 자격증을 왜 취득했는지 그 이유를 살펴보자. 그러
면 취득한 자격증 안에서도 각기 다른 이유와 목적이 떠오를
것이다. 자격증을 하나하나 살펴보면서 이 자격증이 필요하
다고 생각한 이유는 무엇이고 이 자격증을 준비한 방식은 어
땠는지 떠올려보자. 독학으로 했는지, 학원에서 수강했는지,
온라인 수업을 들었는지 등 수업 방식도 이때 따져보자. 자
격증 가운데는 취득하기까지 매우 힘든 과정을 거친 것도 있
을 것이다. 그런 경우는 왜 자신이 그런 고난을 겪어가면서
까지 취득했는지를 되짚어보자.

자격증에도 '수요와 공급의 법칙'이 적용된다

나는 고등학교 시절 '컴퓨터는 앞으로 기본이자 필수 역량
이 될 것'이라는 생각으로 컴퓨터활용능력 등의 자격증을 취
득하였고 대학교 때는 전공을 살려 취업하기 위해 필수인 치
과위생사 면허증을 취득하였다. 국가고시를 보기 위해 학과
동기들 다 함께 치열하게 공부하는 분위기였다. 이 면허증은
당시 나에게 취업을 위한 주된 과업이었으며 '이것이 없으면
취업 자체가 어려우니 무조건 취득해야 해'라는 생각으로 열
과 성을 다하였다. 하지만 그 자격증은 나 혼자만 취득한 것

이 아니었다. 치과위생사를 준비하는 나의 경쟁자 누구나 당연히 필수적으로 취득하는 자격증이었다. 즉, 이것은 필수였을 뿐 그 이상의 경쟁력과 메리트를 내게 부여해주는 자격증은 아니었다는 이야기다.

그 현실을 파악하고 난 뒤, 나는 2년 뒤에 진로를 바꾸어 직업상담사 2급 자격증을 취득하였고, 약 10년이 지난 2021년에는 1급 자격증에 도전하여 성공했다. 상담사 자격을 업그레이드한 이유는 당장 1급 자격증이 현재 내가 하고 있는 일에서 필수는 아니었지만, 앞으로의 경쟁력을 위해서였다. 상담사들은 앞으로도 많이 배출될 것이고 그에 따라 경쟁도 치열해질 것이다. 그때 1급 직업상담사 자격증은 내게 경쟁력과 메리트를 부여해줄 것이라고 판단하였다.

취업 상담 분야에서 일하면서 다양한 교육도 수료하였다. MBTI 전문자격교육, 집단상담 프로그램 진행자 양성교육, 법정의무교육 강사 양성과정 등의 교육을 수료하며 자기계발을 지속적으로 해나가고 있다. 내가 이렇게 멈춰 있지 않고 다양한 분야의 교육을 추가로 수료한 이유는 지금 당장 반드시 필요해서가 아니다. 해당 자격과 교육을 수료해놓으면 내가 진출할 영역을 넓힐 수 있고 나의 경쟁력이 되어주기 때문이다.

자격증은 누구에게나 열려 있는 도전의 장이다. 자기 분야에서 필수적인 자격증은 누구나 다 갖춘 것이므로 경쟁력이 되어줄 수 없다. 자격증에도 이른바 수요와 공급의 법칙이 작용한다. 필수 자격증 취득에 멈추지 말고 서브 자격증을 파악하고 준비하여 이것들을 취득해놓아야 하는 이유가 여기에 있다.

서브 자격증이 가져다주는 장점

그렇다면 메리트가 되어주는 서브 자격증은 어떻게 찾고 준비해야 할까? 서브 자격증은 직무와 직접적으로 연결되지 않더라도 자신의 분야에서 취득할 수 있는 것들이어야 한다.

지금 당장 필요 없고 업무가 바쁘다는 이유로 서브 자격증을 외면하는 경우가 많다. 그러나 서브 자격증은 자신의 직업과 직무의 영역을 확장하고 경쟁력을 갖춰가는 전략이라고 생각해야 한다. 나의 현재 수준에서 역량을 업그레이드해주는 것이자 몸값을 올릴 수 있는 수단으로 연결되는 것이 서브 자격증이다.

서브 자격증은 또한 취업 준비 시 우대사항이 되기도 한다. 식품영양학과에 재학 중인 학생들이 필수 자격증인 영양사 면허증 외에 위생사, 한식조리사 등의 자격증 취득에 도전하는 경우를 종종 보았다. 기업 입사 시 우대조건에 들어가 있는 경우가 많았기 때문이다. 그리고 몇 년 후 아예 몇몇 기업은 필수 자격요건으로 조리사를 포함시키는 경우도 있었다. 이때 미리 준비해둔 학생들은 당연히 가장 먼저 취업에 성공했다.

인사고과에서도 서브 자격증은 많은 도움이 된다. 지인 중 기업 인사팀에 근무하는 J 씨로부터 갑자기 직업상담사 2급 자격증을 준비한다고 연락이 왔다. 내가 직업상담사 자격증 분야의 강사로 활동하는 것을 알고 도움을 받기 위해서 연락한 것이었다. 갑자기 왜 직업상담사를 준비하느냐고 물어봤더니 이번 인사고과에서 직업상담사 2급 자격증 가산점이 있다는 것이었다. 인사 업무와 직업상담사 자격증이 아주 직접적으로 관련 있지는 않으나 어느 정도 연결고리가 있기에 기업에서 선택했을 것이다.

또한 서브 자격증은 성공적인 이직에도 도움이 된다. 온라인 마케팅 분야에 종사하는 D 대리는 유튜브, SNS 등을 관리하는 것이 주 업무이다 보니 일을 하며 자연스럽게 사진, 영상의 퀄리티에 관심을 갖게 되었다. '공식적인 자격증을 취득해놓으면 추후 이직할 때 인정받을 수 있다'라고 생각하여 일을 하며 틈틈이 자격증을 준비하였다. 총무팀에 근무하는 B 사원 역시 마찬가지다. '앞으로 영역을 더욱 넓히려면 지금 하는 일 외에 플러스 요소가 필요하다'라고 판단하였고, 회계 관련 자격증을 취득하고자 공부하였다. 그리고 이 둘은 본인의 경력 외에 서브 자격증이 '베네핏(Benefit)'의 역할이 되어주어 성공적인 이직을 하게 되었다.

'서브 자격증이 지금 당장 내 업무에서 필요하지 않다'라고 생각할 수 있다. 그러나 앞으로 자신의 커리어를 설계하는 데 경쟁력 요소로 작용될 수 있으며 선택의 폭을 넓혀줄 수 있다는 것을 기억하자.

자격증을 딸 때는 이런 점에 주의하자

그런데 자격증을 취득할 때에는 주의해야 할 점이 있다. 나는 20대 초중반 시절 치과위생사에서 진로를 변경하며 여러 정보를 많이 찾아보고 '어떤 분야가 나에게 잘 맞을까?' 하고 고민도 많이 했다. 당시 상담 분야에 관심이 생겨 알아보니 상담 분야 안에서도 진출할 수 있는 분야가 다양하고 준비해야 하는 노력 정도와 가능성, 업무 내용, 자격요건이 천차만별이라는 사실을 알게 되었다.

당시 인터넷과 전화의 과대광고에 속아 상담사와 관련된 한 민간 자격증에 관심을 가졌다. 50만 원이 넘는 돈을 지불하고 단 이틀의 교육 수료를 통해 자격증을 취득하였다. 지금 생각하면 어리석고 후회되는 일이지만 그 당시에는 정말 간절했다. 광고에서 말하는, 자격증 취득 후 취업할 수 있는 다양한 경로에 대한 이야기를 믿고 싶었다. 그러나 예상하는 바와 같이 아무 일도 일어나지 않았다. 그 자격증을 활용해 취업할 수 있는 곳이 거의 없었으며 자격증 자체의 경쟁력도 없었다. 그들은 취업이 될 때까지 추후 관리를 해주는 것도 아니었다. 상담은 깊이 있는 분야다. 단 이틀의 시간 동안 제대로 배운다는 것 자체가 애초에 불가능한 일이었던 것이다.

만약 내가 이틀의 시간만으로 취득한 자격증을 갖고 상담사 분야에 취업하였다고 가정해보자. 상담의 질이 과연 어땠을까? 사실 상담의 분야와 영역이 워낙 넓고 다양하다 보니 누구나 쉽게 도전하는 분야도 존재한다. 그러나 상담을 원하는 내담자는 정보나 정서적 지지를 얻길 원한다. 그만큼 상대방에겐 상담의 시간이 소중하고 간절할 수 있다는 것이다. 그런데 자질을 충분히 갖추지 못한 상담사와 만나게 된다면 그들에게 미치는 영향이 과연 어떠할까? 자격증을 선택하고 준비할 때에는 이 자격증이 어떤 영향을 줄지, 취득하는 과정이 어떠한지, 이 자격증으로 자신의 미래 연결과 설계는 어떻게 할 것인지 등을 구체적으로 생각해보고 시도해야 한다.

서브 자격증으로 몸값을 업그레이드하자

자신의 커리어를 위한 경쟁력을 고민할 때 당연하고 필수적인 것은 말 그대로 '누구에게나 당연한 것'이다. 지금은 그것 외에 개별적인 역량 강화, 플러스 요소를 고려하여 자신의 경쟁력을 향상시키는 데 집중해야 하는 시대다. 그 방법으로 가장 효과가 높은 것이 서브 자격증 취득이다. 업계에서 인정받는 자격증, 업무 특성상 성장하고 배우는 데 도움이 되는 자격증, 자신을 업그레이드하고 추후 영역을 넓혀나가는 데 도움이 되는 자격증을 생각해보자.

자격증 준비 및 해당 주제에 대한 교육 수료가 가능한 기관들은 점점 많아지고 있다. 무료 온라인 강의를 제공하고 있고, 국민내일배움카드 등 국비 지원을 받아 수강할 수 있는 환경도 구축되어 있다. 더 나은 내일, 더 많이 보장된 기회를 잡으려면 서브 자격증은 필수다. 부디 현명하게 선택하고 활용하여 자신의 경쟁력을 갖춰가길 바란다.

100개의 메인 키워드를
뽑아 나열하라

키워드, 나를 어필하는 힘

자신의 잡 플랜을 설계하기 위해 스스로를 나타내고 대표할 만한 '키워드(Key Word)'를 찾아볼 수 있다. 여기서 키워드란 나를 직관적으로 파악한 단어로 표현할 수도 있고, 여러의미를 담은 상징적인 것으로 표현할 수도 있다.

그렇다면 키워드가 왜 필요할까? 가장 기본적인 예시로 취업 시장을 생각해보자. 취업을 위해서는 이력서와 자기소개서를 작성하고 면접을 봐야 한다. 그것을 통틀어서 '구직기술'이라고 하는데 이 주제의 강의를 진행할 때 내가 가장 강조하는 것은 '키워드 찾기'다. 자신이 지원하는 직무에 적합한 이유를 나타내기 위해서 갖고 있는 강점을 키워드로 어필해야 기업에 더 잘 각인되기 때문이다.

"다양한 강점과 경험으로 이 직무를 잘 수행할 수 있습니다"라고 말하는 사람과 "이 직무에 적합한 통찰력과 추진력을 갖추고 있습니다"라고 말하는 사람 중 누가 면접관의 기억에 남을까? 대부분 후자라고 생각할 것이다. 키워드는 그만큼 상대방에게 자신을 어필할 때 강한 힘을 갖고 있다.

나는 강의를 시작할 때 분위기를 풀기 위한 아이스 브레이킹(Ice Breaking) 활동으로 해시태그(Hashtag)를 이용한다. 자신의 강점이나 취미활동, 별칭 등 주제에 상관없이 자신을 나타낼 만한 단어를 스스로 생각하게끔 하는 것이다. SNS에서 활발하게 사용되고 있는 해시태그는 게시물의 분류와 검색을 용이하도록 만든 데이터로 보통 단어 앞에 '#'을 붙인다. 예컨대 '#공대생, #운동중독, #친화력' 등 자신을 상징하는 해시태그를 만들어보는 것이다.

이 활동을 하는 이유는 크게 두 가지다. 첫 번째는 자신에 대해 생각해보는 시간은 매우 중요함에도 불구하고 많은 이들이 갖지 않는 경우가 있기에 그 시간을 가져보기 위함이다. 두 번째는 요즘 시대는 자신을 스스로 어필해야 하는 시대이므로 "나는 이런 사람이다"라는 것을 자신 있게 강조하기 위함이다.

지금 제일 먼저 떠오르는 자신의 키워드가 무엇인지 한번 생각해보자. 상대방에게 나를 표현하고 어필할 때 키워드가 전달해주는 힘을 신뢰하고 자신의 키워드를 찾아보는 연습을 해보자.

나의 메인 키워드를 뽑는 방법

100개의 키워드를 다 뽑고 나열하려면 감을 잡지 못하거나 막막함을 느낄 수 있다. '지금 당장 하나도 생각이 안 나는데 어떻게 100개를 채우지?'라는 걱정이 드는 것은 어쩌면 당연한 것이다. 그럴 땐 먼저 카테고리를 분류하는 것을 추천한다. 그리고 당장 100개를 채우지 못하더라도 차근차근 채워나가면 된다.

나를 나타내는 키워드는 성격에서 찾을 수도 있으며 취미, 특기, 별명, 경험 등 다양한 영역에서 확인이 가능하다. 이렇게 몇몇 카테고리를 선정해서 분류해놓고 카테고리별로 해당되는 단어를 작성해나가면 된다.

예를 들어 성격에서는 '계획적, 추진력, 창의성, 도전정신, 사교적, 배려심, 뛰어난 적응력' 등 무수히 많은 단어가 있다. 나의 취미가 달리기라면 '100m 15초' 등 기록을 수치화하여 표현할 수도 있으며 수영을 잘하는 사람을 '물개, 인어' 등으로 표현하는 것처럼 상징적인 것도 괜찮다. 어떤 방식과 틀이 정해져 있지 않기에 직접적인 것, 상징적인 것, 혹은 그 외의 것도 좋다는 것이다. 그래야 더 다양한 키워드를 발견할 수 있을 테니까 말이다. 반면에 누군가는 자신의 성격을 잘 모르는 것 자체가 고민이 되기도 한다. 이럴 땐 단어를 많이 접하는 것도 방법이니 성격의 강점을 검색해보거나 요즘 유행하는 MBTI, 에니어그램과 같은 성격유형검사를 해보는 것도 좋다. '성격을 나타내는 단어와 의미에는 이런 것들이 있구나' 하고 느끼게 될 것이다. 직접 자신의 단어를 생각해보거나 주변 지인들에게 물어봄으로써 파악할 수도 있으나 성격을 나타내는 수많은 단어를 확인해보고 그중 자신에게 맞는 것을 동그라미 치는 것도 방법이 될 수 있다.

따라서 어렵게 생각하지 말고 여러 방법을 동원해보면 된다. 다만, 메인 키워드(Main Key Word)는 아리송한 것이 아닌 확실한 것을 선택해야 한다. 혹여나 100개를 억지로 채우기 위해 자신을 잘 나타내는 것이 아님에도 불구하고 선택하는 것은 지양해야 한다. 당장 다 채우지 않아도 괜찮으니 확실한 자신의 키워드부터 찾아보자.

키워드를 활용한 잡 플랜 설계
그렇다면 자신의 메인 키워드를 활용하여 어떻게 잡 플랜을 설계할 수 있을까? 많은 작곡가들이 영감을 얻기 위해 키워드를 떠올리는 연습을 한다고 한다. 노래 한 곡을 만들기 위해 '이번 노래의 키워드는 무엇으로 할까?' 하고 생각한다는 것이다. 그게 제목이 될 수도, 가사의 전반적인 흐름이 될 수도 있다. 우리의 잡을 위해서도 키워드를 떠올리고 연결하는 연습이 필요하다.

100개의 메인 키워드를 나열하였다면 '내가 어떤 것을 잡으로 연결할 수 있겠구나' 하고 파악할 수 있다. 키워드 중에서 가장 우선순위가 되는 것, 잡과 연결할 수 있는 가능성이 있는 것을 먼저 선택해보자. 그리고 '마인드맵(Mind Map)'처럼 하위 이야기를 가지치기하며 생각과 계획을 정리해나가는 것이다. 예를 들어 취미 키워드에서 필라테스를 선택하였다면 가지치기하여 필라테스 프리랜서 강사, 필라테스 유튜브 운영, 필라테스 도구 관련 사업 등으로 연결할 수 있다는 것이다. 더 나아가 그다음 가지에서는 구체적인 시기와 방법도 작성하며 깊이 있게 들어갈 수 있다. 이런 마인드맵 방식은 한눈에 자신의 현황과 앞으로의 생각, 계획 등을 정리해볼 수 있다는 것이 큰 장점으로 작용한다.

그다음 단계는 토너먼트 방식으로 점수를 산정하여 자신의 우선순위를 확인하는 것이다. 마인드맵 방식으로 자신의 잡 플랜을 설계해봤을 때 이것저것 다 하고 싶으나 현실적으로 선택과 포기를 해야 하는 경우가 있을 것이다. 그럴 땐 먼저 표를 만들고 키워드마다 번호를 매겨 나열해보자. 그리고 1번의 키워드와 2번의 키워드를 비교한 후 더 우선순위를 선택하고, 그다음 1번의 키워드와 3번의 키워드를, 1번의 키워드와 4번의 키워드를 쭉 비교하는 형식이다. 1번이 모두 끝나면 2번의 키워드와 3번의 키워드를, 2번의 키워드와 4번의 키워드를 각각 비교해간다. 그러다 보면 두 개의 비교 중에서 우선순위가 된 것이 생기고 그 번호를 칸에 작성하면 된다. 결론적으로 가장 많이 우선순위가 된 번호의 키워드를 확인할 수 있을 것이다.

자신의 키워드는 잡을 선택하고 설계하는 것에도 활용할 수 있으나 또 하나의 활용 방식은 상징과 어필 그 자체로 이용하는 것이다. 많은 유명인들은 그들의 이름 앞에 수식어가 따른다. 월드 스타 BTS, 국민 MC 유재석 등의 형식 외에도 백종원 하면 아직도 설탕이 떠오르고, 브레이브걸스 하면 역주행이 떠오른다. 그 사람을 상징하는 키워드는 타인에게 더 오래 기억하고 떠오르게 하는 힘뿐 아니라 하나의 상징과 강조점으로 작용한다. 나를 어필할 수 있다는 것에서 매우 유용하게 활용이 가능하다.

나의 메인 키워드를 뽑아보고 우선순위를 정해보자. 구체적인 미래 설계에 도움이 될 뿐 아니라 자신을 어필하고 알릴 수 있는 방법을 찾아나가는 데에도 분명히 도움이 될 것이다. 연예인에겐 수식어가, 광고 상품에는 카피라이터가, 유튜버에게는 먹방러와 같은 방송 유형의 타이틀이 붙는 것처럼 개인을 나타내고 어필할 수 있는 방식에는 메인 키워드를 뽑아 활용하는 방법이 있다는 것을 기억하자.

100개의 키워드를 만드는 것은 스스로를 이해하기 쉽게 정리하고 앞으로의 미래를 설계할 수 있는 작업이다. 실질적이고 확고한 자신의 강점, 경험, 취미, 특기, 적성 등을 분류해보고 키워드를 중복되지 않게 쭉 나열해보자. 그리고 그 안에서 우선순위를 통해 자신의 핵심 키워드가 선정되었다면 다음 단계의 작업을 하면 된다. 이제는 키워드 강조 시대다. 자신의 분야에서 '어떤' 사람임을 어필할 것인지 고민하고 내 것으로 만들어보자.

멘토-멘티
프로그램을 짜라

첫 강사의 뼈아픈 추억

내가 퇴사한 후 본격적인 프리랜서 강사로서 활동을 시작했을 때의 일이다. 그 당시 '어떤 강의를 중점적으로 해야 할까?' 하는 고민뿐 아니라 프로필을 만드는 것, 홍보하는 것 등 모든 면에서 막막함을 느낄 수밖에 없었다. 오죽하면 프로필 사진부터 아무것도 모르고 찍었기 때문에 그때의 사진은 촌스러워서 보고 싶지도 않다. 어쩌면 당연한 일이었다. '강사'라는 직업은 내가 아예 새롭게 접하는 세상이었으니 말이다. 꼭 강사가 아니더라도 조직을 벗어나 스스로 자립해야 하는 입장이라면 어느 분야를 막론하고 막막함을 느낄 것이다. 만약 지금 새로운 분야에서 시작을 앞두고 있는 입장이라면 어떻게 길을 찾아나가는 게 좋을까?

당시 내가 썼던 첫 방법은 먼저 강사로서 활동하고 있는 사람들에게 질문하고 조언을 구하는 것이었다. 나에게는 사람들의 실제 사례가 필요했다. 그들 중에는 같은 회사를 다니다 먼저 퇴사를 한 동료도 있었으며, 인맥과 정보에 빠삭하여 자신의 이야기가 아니더라도 주변 이야기를 전해주는 사람도 있었다. 혹은 나와 비슷한 길을 가고 있는 사람들이 모여 있는 커뮤니티 공간을 활용하거나 모임에 참여하기도 했다. 그들은 처음 만나는 사이였음에도 불구하고 열린 마인드로 나에게 정보를 공유해주었다.

멘토, 거창하지 않아도 좋다

그중 가장 기억에 남는 사람은, 승무원 출신의 나보다 두 살 어린 여자 강사였다. 우연히 교육을 들으러 참여했다가 옆자리에 같이 앉으면서 대화를 많이 나눌 수 있었다. 그녀는 강사 활동을 먼저 시작하였지만 사실 경력이 오래된 경우는 아니었다. 약 두 달 정도 앞섰던 것으로 기억한다. 그러나 내가 겪었던 어려움과 절실함을 먼저 겪어봤기에 어디서 활동하면 좋은지, 어디서 강사 섭외 글을 보고 지원하고 활동을 시작할 수 있는지 등 상세하고 현실적인 이야기와 방향을 제시해주었다. 지금 생각해보면 그녀는 초보 프리랜서 강사의 미래 설계를 도와주는 나의 멘토였던 것이다.

이처럼 멘토(Mentor)와 멘티(Mentee)의 관계는 형식적이고 공식적인 관계여야 하는 것이 아니며 나이와 경력 등 기준이 정해져 있는 것도 아니다. 나보다 어려도, 나보다 후배여도 그들이 갖고 있는 이야기와 생각, 경험이 나에게는 새로운 공부가 되고 지식이 될 수 있는 것이다. 그들이 해준 이야기 모두가 정답이라고는 말할 수 없다. 그러나 나에게 필요한 실질적인 이야기를 단 하나라도 건질 수 있다면 그것만으로 의미가 있다.

먼저 경험한 자의 길 안내를 받다

멘토의 조언은 이른바 '먼저 경험한 자의 길 안내'라 할 수 있다. 어떤 길을 가고자 하는 사람에게 지식과 정보를 전달하고 에피소드를 말해주며 노하우를 알려주는 사람이 멘토다. 그리고 멘토와 멘티의 관계는 생각보다 우리 일상에서 많이 이루어지고 있다. 내가 누군가의 멘토가 될 수 있으며 혹은 누군가에게 도움을 받는 멘티가 될 수도 있다.

학교와 회사뿐 아니라 여러 분야에 멘토-멘티 프로그램이 존재한다. 취업과 창업 준비 멘토링(Mentoring)뿐만 아니라 건강, 기술, 요리, 운동, 다이어트, 뷰티 등에 대한 이색 멘토링이 온라인과 오프라인에서 다양하게 이루어지고 있다. 웹 검색창에서 '멘토'라고 검색만 해봐도 유명 사이트뿐 아니라 각 분야의 멘토 커뮤니티도 존재하니 한번 확인해보자. 각종 SNS, 네이버 밴드, 카페 등도 참고해보도록 하자.

멘토와 멘티 프로그램은 잡 플랜을 설계하고 계획하는 데 도움이 된다는 점에서 매우 유용하다. 만약 현재 구직 중이거나 이직을 준비 중이라면, 이를 주제로 잡아 멘토-멘티 프로그램을 가상으로 짜서 시뮬레이션해보는 방법을 추천한다. 멘토-멘티 프로그램의 첫 단계는, 자신이 어떤 주제의 멘토가 될 수 있을지를 상상하는 것이다. 주체적인 자리인 멘토가 먼저 되어봄으로써, 우리가 설계하고 계획하는 잡에서 무게중심을 가질 수 있을 것이다.

멘토-멘티 프로그램은 틀과 유형이 정해져 있지 않다. 우리 주변에서 쉽게 볼 수 있는 프로그램을 떠올려보자. 여기서 중요한 것은 '프로그램'이란 단어에만 집중하여 형식과 절차가 정해져 있는 것들만 생각하지 말아야 한다는 것이다. 좀 더 일상에서 쉽게 이루어지는 활동을 생각해보자. 소소하게 모여 그날 대화의 주제를 잡고 편안하게 질문하고 이야기해주는 유형도 있으며, 요즘엔 화상회의 계정으로 모여 준비한 내용을 화면으로 공유하고 소통하는 형식도 있다. 틀과 유형에 얽매여 시작도 못하고 막막해하지 말고 편안하게 접근하라는 이야기다. 친한 친구들과 취미든 요즘 배우는 것이든 각자 주제를 잡고 돌아가며 알려주는 모임의 구성원이 되었다면, 나의 차례가 되었을 때 어떤 주제를 정하겠는지 한번 생각해보자.

주제를 명확히 하는 것이 가장 중요하다

그렇다면 멘토-멘티 프로그램을 짤 때의 기준점과 고려 요소에는 어떤 것이 있을까? 가장 중요한 것은 자신의 주제를 명확히 하는 것이다. 전공도 좋고 회사에서의 주 업무나 서브 업무도 좋다. 취미활동이나 꾸준히 배운 것, 경험해온 기술 등 영역에 제한을 두지 말고 생각해보자. 그러고 나서 '그것 중에서 사람들의 니즈가 있는 아이템은 무엇일까?' 하고 파악하는 것이다.

예컨대 근무하는 회사에서 직원들의 친목 도모를 위한 동호회 모임이 있는데 그중 경제 서적 읽기 모임에서 활동을 한다고 가정해보자. 나는 그것을 멘토-멘티 프로그램의 주제로 삼고 프로그램을 짤 것이다. 경제 서적 읽기 모임에서 쌓은 경제 지식과 전문용어, 기타 확보한 자료를 토대로 재테크 멘토-멘티 프로그램을 짤 수도 있고, 경제 소식을 전하는 스터디 형식의 프로그램을 짤 수도 있다. 사람들의 니즈에 따라서 말이다.

나는 콘텐츠나 아이템에 대한 고민이 있을 때 주변 지인들에게 물어보며 의견을 참고하였다. "너라면 이것이 궁금하겠어?" 하고 물어보면 꽤 솔직한 피드백이나 생각지 못했던 아이디어를 듣기도 했다. 그리고 그 주제를 어디까지 알려줄 것인지 기준을 잡자. 안 그러면 너무 방대하고 막연해진다. 스텝을 나눠서 자신만의 단계 기준을 잡는 것도 좋고 '나는 딱 이것을 달성하면 끝!'이라는 목표치를 잡는 것도 좋다. 그 외에도 나의 멘티 대상은 누가 되었으면 좋겠는지, 온라인과 오프라인 중 어떤 방식으로 하고 싶은지도 차근차근 생각해 보면 된다.

콘텐츠 구성은 이렇게

프로그램을 다 짰다면 남은 것은 내용, 즉 콘텐츠를 구성하는 일이다. 콘텐츠를 구성할 때 가장 중점을 두어야 할 것은 목표를 명확히 하는 일이다.

과거 대학에서 취업 컨설턴트로 근무한 적이 있다. 진로와 취업 관련 프로그램과 강의를 기획하고 진행하는 일을 통해 저학년부터 고학년까지 다양한 학생들을 만났다. 그런데 문제는 그 당시 실적에 대한 압박으로 인해 프로그램 시간과 인원을 채우는 것에 급급했다는 것이다. 우선 취업 스킬을 주제로 한 스터디 프로그램을 만들고 학생들에게 홍보하였는데 최대한 많은 인원을 모집해야 해서 무작위로 학생을 선발하였다. 그러다 보니 각자 학년도 달랐고 준비도 달랐으며 무엇보다 니즈가 매우 달랐다. 스터디 요일에 모일 때마다 그날 주제에 대해 누군가는 만족하는 반면에 누군가는 '내가 지금 저 이야기를 왜?'라는 생각을 갖고 있는 게 훤히 보였다. 진행하면서도 스스로 당황했고 '뭔가 잘못되었구나' 하고 느낄 수밖에 없었다.

그 프로그램이 이런 결과를 낳은 이유는 무엇일까? 목표가 명확하지 않았기 때문이다. 이 프로그램을 통해 무엇을 알려주고 어떠한 성과물까지 내고 싶은지가 명확했다면, 거기에 맞게 학생들에게도 전달하고 니즈가 있는 친구들로 구성되어 최대한 모두가 만족할 만한 진행이 되었을 것이다. 나는 그때의 경험 이후로 강의를 기획할 때 목표가 무엇인지를 먼저 잡는 습관을 들였다. 그러면 대상도, 커리큘럼도, 진행 방식도 어렵지 않게 구성되었다.

예를 들어 지금 글쓰기에 자신이 있어 그것을 주제로 관련 멘토링 프로그램을 기획하려고 한다면 목표를 명확히 잡아보자. 알다시피 글쓰기는 워낙 주제도 목적도 다양하다. 입시 논문 준비, 책 쓰기 준비, 블로그 관리하기, 개인적인 논리력과 창의력 향상하기 등 말이다. 어느 정도의 기간 동안 어디까지 달성해내는 것을 목표로 하는지, 각자 천차만별의 수준을 갖고 있을 것이므로 어떤 수준을 기준으로 잡을 것인지 등을 명확히 하는 연습이 필요하다.

프로그램의 진행 방식은 이론과 실습이 적절히 이루어져야 한다. 내내 이론으로만 이루어진다면 어떨까? 지루해지고 머릿속이 복잡해지며 결국 온전한 내 것이 되는 것은 그다지 없을 것이다. 남의 생각이고 지식이기 때문이다. 반대로 실습으로만 이루어져 있다면 어떨까? 부담감을 느끼게 되거나 에너지가 많이 소모되면서 지치게 될 것이다. 기본 지식과 배경에 대한 설명을 듣고 그것을 토대로 바로 활용해볼 수 있는 실습이 이어졌을 때 더욱 내 것으로 만들어질 것이며 만족도가 높아지게 될 것이다.

대단한 수준의 것이 아니어도 된다

멘토-멘티 프로그램을 짜보라는 것은 아주 대단한 수준의 것을 완성하자는 의미가 아니다. 따라서 부담감을 가질 필요가 없다. 자신이 멘토가 되어볼 수 있는 분야를 편안하게 이해하고, 목표와 구성까지 생각해보며 구체화시켰을 때 잡 플랜을 설계하는 방향을 명확히 잡는 데 도움이 된다. 멘토로서 내가 해줄 수 있는 이야기, 멘토로서 가장 자신 있는 분야를 찾아보자.

그리고 내가 멘티로서 누군가에게 조언과 도움을 받았던 기억을 떠올려보자. 한 사람, 혹은 한 문장의 대화 구절이라도 내게 힘이 되어주었던 순기능을 믿고 이제는 자신이 멘토로서 그 기능을 다해보자.

성공 노트를
작성하자

기록에는 특별한 힘이 있다

자신의 이야기를 글로 남겨놓는 것은 상당히 의미 있는 일이다. 그것이 짧은 문장의 글귀이든 방금 전 떠오른 생각을 잊어버릴까 봐 기록한 것이든 말이다. 시대를 불문하고 어린 시절에는 일기를 쓰는 것이 학교 숙제였다. 아주 어렸을 땐 그림일기를 썼고 초등학생 시기엔 방학 때 일기 숙제가 밀려 골치가 아팠던 기억도 있다. 성인이 된 지금은 일기 숙제가 없지만, 그래도 일기 쓰는 것이 습관이 되어 꾸준히 자신의 일상을 남겨놓는 사람들도 많다. 그리고 나는 꼭 일기가 아니어도 괜찮으니 자신의 이야기를 남겨놓는 다양한 방법을 이용해볼 것을 추천한다.

기록에는 특별한 힘이 있다. 회사 생활에서 기록을 습관화하면 해야 할 업무를 체크하고 회의 내용이나 상사의 지시 사항을 잊지 않고 기억하는 데 도움이 된다. 개인 생활에서는 날마다 자신의 생각을 정리해놓은 글이 쌓이면 훗날 스스로에게 매우 큰 자산이 되어준다. 요즘은 다이어리 앱이나 온라인 글쓰기 플랫폼을 활용하는 등 다양한 툴이 있으므로 습관만 들인다면 얼마든지 쉽게 활용할 수 있다. 목표를 세우고 이를 다이어리 플랫폼에 기록해놓는다면 목표를 달성할 가능성이 더 높아진다.

성공한 사람들 중에는 메모의 습관을 갖고 있는 이들이 많다. 세계적인 기업 제너럴일렉트릭(GE)의 CEO 잭 웰치(Jack Welch)는 식사 중 갑자기 생각난 아이디어를 티슈에 메모하였다. 동그라미 세 개를 그리고 "Core(핵심), High Tech(하이테크), Service(서비스)"를 메모하였고, 이 메모는 GE 개혁의 바이블이 되었다. 빌 게이츠(Bill Gates) 역시 대표적인 메모광으로 손꼽힌다. 평소 떠오르는 생각을 그때그때 기록하는데 종이를 네 등분으로 나누고 각각 다른 생각을 적은 후 일주일 동안 이 메모에 대해 사색한다고 한다.

메모는 생각을 정리하고 발전시키며, 메모를 하는 동안에는 자신과 대화하는 시간을 갖게 된다. 다만 습관을 들이는 것이 중요하므로 일단 적는 활동부터 시작해보자.

성공 노트란 무엇인가?

나는 메모하고 기록하는 방법 중 하나로 '성공 노트'를 권유하고 싶다. 자신의 성공을 그려보는 것은 성공을 달성해나가는 데 원동력이 되어준다. 물론 성공의 기준은 각기 다르다. 누군가는 돈이 될 수 있고, 누군가는 권위와 명성이 될 수 있으며, 누군가는 마음의 안정이 될 수 있다.

나는 새롭게 도전하는 일이나 목표가 생겼을 때 그것을 이루어낸 나의 모습과 결과, 즉 나에게 일어날 변화에 대해 그려본다. 그리하다 보면 힘들고 하기 싫어질 때 다시 한 번 실행하게 하는 힘이 생기는 것을 느끼곤 한다. 하지만 이것을 머릿속으로만 그려본다면 효과는 일시적일 수 있다. 그래서 우리가 이용할 수 있는 것이 성공 노트다.

성공 노트란 말을 들었을 때 무슨 생각이 떠오르는가? 성공 노트라는 이름만으로 '성공에 한 발짝 더 다가갈 수 있는 팁을 배울 수 있는 것인가?' 하고 생각할 수 있고, '자신의 성공을 위한 미래를 설계하는 것인가?' 하고 생각할 수도 있다. 혹은 다른 의미를 담고 있는 것으로 해석할 수도 있다. 사실 정답이 정해져 있지 않다. 성공 노트의 의미를 어떻게 담아가는지, 그리고 어떻게 자신의 잡 플랜 설계를 위해 활용할 것인지는 개인차가 있기 때문이다. 얼마든지 개인차가 있어도 되는 자유로운 영역이다.

다만 성공 노트를 작성하는 방식은 각기 다르더라도 한 가지 분명한 공통점은 있다. 바로 자신의 믿음으로 인해 성공에 더 다가갈 수 있다는 것이다. 결국 '내가 얼마든지 구체적인 플랜을 설계함으로써 성공해낼 수 있다'라는 믿음과 실천이 있어야 자신이 원하는 목표와 성공에 도달할 수 있다.

성공 노트는 어떻게 작성할까?

성공 노트를 작성하는 방법은 개인차가 있으나 나는 크게 두 가지의 방법으로 작성하는 것을 권유하고 싶다.

첫 번째는 실제 자신의 성공 이야기를 작성하는 것이다. 큰 성공이 아니어도 괜찮다. 작은 것이라도 내가 달성해낸 것, 이뤄낸 것이 있다면 적어보는 것이다. '다이어트를 위해 주 5회 이상 운동을 해야겠다'라고 마음을 먹었고 실제 운동을 해냈다면 그것 역시 나의 성공 노트에 작성할 수 있다. 어떤 자격증 취득을 목표로 한 후 실제 취득에 성공해냈다면 그것 역시 성공 노트에 작성하면 된다.

결국 성공 노트를 통해 성취감을 느끼고 앞으로의 목표 역시 성공할 수 있다는 자신감을 확보하는 데 도움이 될 것이다. 실제 성공 이야기를 작성할 때에는 구체적인 날짜, 성공 요인, 노력의 과정도 상세하게 적어보자. 나중에 성공을 위한 마인드컨트롤이 필요할 때 그것을 읽어보며 자신의 열정적이었던 모습을 기억하고 다시 한 번 행동으로 옮길 에너지를 얻을 수 있다.

두 번째는 앞으로의 희망 성공 계획을 작성하는 것이다. 내가 달성하고 싶은 것, 이뤄내고 싶은 것을 구체적으로 작성해보자. 성공이라는 것을 막연하게 생각하지 말고 단계별 성공 목표와 계획을 수립해본다면 한 단계씩 우리는 달성해나갈 수 있다. 이 방식으로 작성할 때에는 목표를 성취해내기 위한 구체적 단계와 전략, 달성 예정 시기, 달성해나갈 때 만날 수 있는 장애물과 대비 전략 등을 함께 작성한다면 훨씬 효과가 좋을 것이다.

"내가 원하는 분야에 취업 성공!"이라고 적는 사람과 "뷰티 분야 ○○기업 패키지 상품 디자인팀 취업!"이라고 적는 사람 중 후자의 경우가 훨씬 구체적이다. 그리고 후자로 작성할 때에는 원하는 취업을 위한 단계별 계획도 작성하기 수월해진다. 1단계는 디자인 포트폴리오를 만들어내는 것, 2단계는 기업의 채용 프로세스를 확인하고 절차에 따라 필요 요건을 획득해나가는 것 등의 식으로 말이다. 뚜렷한 성공 계획이 담긴 노트를 본다면 다시 한 번 자신이 목표를 달성해나가는 데 원동력이 되어주고 그걸 통해 그려보는 자신의 행복한 모습은 동기부여가 되어줄 것이다.

앞서 말한 두 가지 방식을 함께 작성할 수도 있다. 노트 한 권의 공간을 반으로 분류하여 지금 현재 자신의 모습을 칭찬하고, 앞으로의 미래를 설계하고 성공으로 연결해나가는 용도로 이용하면 된다. 어떤 방식을 쓰든지 구체적으로 작성해야 한다는 것을 기억하자.

성공 노트로 살펴보는 잡 플랜 설계

성공 노트를 활용하여 우리는 미래 지향적으로 자신의 잡 플랜을 설계해나갈 수 있다. 자신의 성공 모습과 기준을 설계해놓고 단계별 구체적인 플랜을 설계함으로써 자신의 방향과 준비 방법, 현재의 상황 등을 객관적으로 파악할 수 있을 것이다.

자신의 성공한 모습을 그려본 적이 있는가? 어떤 모습으로 성공하고 싶은지, 성공의 기준은 무엇인지, 성공을 위해 필요한 요소는 무엇인지에 대해 생각하고 그것을 구체적이고 직접적으로 그린 후 하나씩 실천해간다면 성공 노트는 자신의 인생을 담은 풍부한 완성 책으로 만들어질 것이다. 내가 그리는 길이 뚜렷해야 그것을 이뤄내는 과정 역시 뚜렷해질 수 있다.

이뤄내고자 하는 모습을 명확히 성공 노트에 그려본다면

우리는 결국 그것을 실제 자신의 것으로 연결하여 완성할 수 있다. 무엇보다 실천이 중요하다. 실천으로 이끄는 힘 역시 추상적이고 두루뭉술한 것에서 오지 않는다. 구체적이고 명확해야 더 잘 도달될 수 있다는 것을 기억하자.

멀티잡을 위한
시간 분배 노하우

그들은 무엇이 달랐을까?

한 회사에 함께 입사한 신입사원 A 씨와 B 씨가 있다. 그들은 나이, 부서, 업무가 같았으며, 심지어 집과 회사의 거리까지 비슷했다. 여러모로 전반적인 상황이 모두 비슷했다. 그러나 정확히 6개월 후, 같은 경력을 갖고 있는 두 사람의 상황은 매우 달라졌다.

A 씨는 상사의 추천으로 중요한 프로젝트에 참여하게 되는 기회를 잡았다. 그 연차 때 경험할 수 있는 기준에서 꽤 중요한 역할을 담당하게 되었다. 그러나 B 씨는 6개월 전과 비교해 크게 달라진 업무가 없다. 여전히 복사를 하고 회의 세팅을 하며 선배들의 보조 업무를 맡고 있다. 같은 상황에서

시작한 두 사람 사이에 이렇게 격차가 벌어지게 된 이유는 무엇일까? A 씨는 왜 선배의 추천을 받았으며 좋은 기회를 잡게 되었을까?

A 씨와 B 씨의 행동을 살펴보면 답이 나온다. 앞서 말했듯이 두 사람은 회사와의 거리도 비슷하다. 대중교통을 이용하여 40분 이상이 소요된다. A 씨는 이 시간대를 낭비하고 싶지 않았다. 그날의 주요 뉴스 헤드라인을 살펴보거나 가벼운 자료를 탐색했고, 어떤 메일이 와 있는지 확인했다. 또는 어떤 날은 하루의 기분을 긍정적으로 시작할 만한 글귀를 보거나 회사 직원들과 함께 대화의 물꼬를 틀 만한 주제를 보기도 했다.

A 씨는 출근하면 상사들이나 동료들과 반가운 인사를 한후 오늘 일과에 대해 'To Do List'를 정리하고 중요도에 따라 우선순위를 체크했다. 각 업무에 엮여 있는 이해관계자들과의 소통 시간과 방법도 정하고 좀 더 효율적으로 처리하기 위해 묶을 수 있는 업무는 그룹화를 하기도 했다. 아직 신입이라 모르는 것이 많기에 나중에 선배들에게 물어볼 것을 체크하여 질문 시 누락되는 것이 없도록 검토했다.

무엇보다 A 씨는 시키는 일만 하지 않았다. 업무가 많이 없어 여유로울 때에는 그 여유를 즐기기보다는 선배들의 옆에서 도와드릴 일을 찾거나 더 공부해야 할 것을 물어보고 습득하였다. 무엇을 공부해야 하는지가 명확하니 남는 시간을 쪼개서 자기를 업그레이드할 방향이 잡힌다. 남들도 다 하는 것을 하면서 '근데 내가 지금 이걸 왜 하지?'라고 생각하는 불상사는 없어지는 것이다.

반대로 B 씨는 어떠할까? 시키는 일은 열심히 했다. 문제는 정말 시키는 것만 했다는 것이다. 어떻게 보면 신입의 장점은 "알고 싶어요", "가르쳐주세요"를 자신 있게 말해도 된다는 것이다. 그 신입 때의 혜택을 B 씨는 놓치고 말았다. 시키는 것을 다하고 난 뒤의 여유 시간을 즐기는 당장의 자유가 달콤하기 때문이었다.

여러분이 A 씨와 B 씨의 선배라면 어떨까? 이번 신규 프로젝트에 합류하게 될 후배를 선택할 기회가 생겼다면 누구에게 그 기회를 주겠는가? 만약 나라면 하나라도 더 배우고 습득하기 위해 자신의 시간을 알차게 보내는 A 씨에게 무조건 그 기회를 줄 것이다. 주어진 시간은 둘 다 동일했다. "세상에서 가장 공평한 존재가 시간이다"라는 말도 있지 않은가. 그러나 그 시간을 활용하는 방법이 두 사람은 너무도 달랐다. 내게 주어진 시간을 어떻게 대하고 있는지 살펴보아야 하는 이유다.

시간을 효율적으로 쓰는 노하우

2년이 지난 후 두 사람의 상황은 어떻게 변했을까? 초반부터 여러 업무와 프로젝트를 경험해볼 기회를 잡았던 A 씨는 시작이 반이라고 그 뒤로도 승승장구했으며, 프로젝트 이력을 쌓아갔다. 뿐만 아니라 문제가 발생했을 때의 해결 방법을 배웠고 노하우가 생겼다. 함께 일하게 되는 타 부서나 타 회사의 사람들과도 인맥을 형성했다. 여러 업무를 경험하며 멀티플한 인재로서 회사의 인정을 받았다.

이전에 한 시간 걸렸던 업무가 이제는 30분도 되지 않는 시간에 해결된다. 시간이 단축된다고 해서 그만큼 남은 시간을 낭비했다면 B 씨와 다르지 않았을 것이다. 남은 시간을 이용해서 요즘 트렌드에 필요한 영상이나 서적을 공부하거나 후배의 일을 알려주며 회사 내 관계 유지를 돈독히 했다. 업무 속도가 빨라져서 그만큼 다른 일들을 처리할 시간도 많아졌고 야근이 줄어들었다. 시간을 똑똑히 썼다는 말이다.

반면에 B 씨의 경우는 어떠할까? 연차가 쌓이며 회사는 그만큼 급여를 지불하기에 B 씨를 통해서 성과를 얻길 바란다. 그런데 영 업무가 시원찮았다. 오래 걸리기도 하고 버벅거리기도 하고 "2년간 뭘 한 거냐?"라고 묻고 싶어질 만큼 성과를 내질 못했다. 심지어 후배들이 들어왔는데도 그들보다 잘 모르는 것 같아 도태되는 느낌을 받았다.

너무 극단적이라고 생각할지도 모르겠다. 그러나 생각보다 이런 상황은 현실에서 많다. '취업난을 뚫고 입사했으니 끝이지, 주어진 업무나 제대로 하는 게 어때서?'라고 생각할 수도 있다. 그러나 앞으로도 두 사람의 격차는 점점 벌어질 것이며 승진 등 자신에게 오는 기회 역시 달라질 것이라는 점도 감안해야 할 것이다.

구체적인 시간 관리 방법

A 씨의 사례를 통해 시간 관리의 중요성과 방법에 대해 살펴보았다. 시간 관리의 필요성은 잡을 찾기 위해서도, 일상을 위한 것에도 마찬가지로 적용된다. 이제 우리에게 적용시킬 수 있는 좀 더 구체적인 시간 관리 방법을 확인해보자.

첫째, 기호와 색깔로 표시하는 방법이다. 많은 사람들이 플래너를 활용할 것이다. 플래너에는 자신의 해야 할 일을 기록한다. 우선순위를 정하고 이를 기록할 때 중요도와 유형별로 분류하여 표시하는 방법이다. 예를 들어 당장 끝마쳐야 하는 일이 있고, 이번 주 안에만 완성하면 되는 여유로운 일도 있다. 중요도에 따라 'A, B, C' 혹은 '가, 나, 다' 등 자신만의 표시법을 생각해보자. "A. ○○○ 과제 제출, B. 독서" 등의 방식으로 말이다.

또한 플래너를 봤을 때 한 번에 눈에 들어올 수 있도록 유형에 따라 색깔별로 표시하는 것도 좋다. 기본 업무, 자기계발, 취미생활 등이 균형을 이루고 있는지 눈에 띄게 확인이 된다. 예를 들어 학교생활이나 회사 업무는 빨간색의 볼펜 또는 형광펜을 사용하고, 자기계발과 관련된 것은 파란색을 사용하는 식으로 말이다. 좀 더 명확하게 자신의 눈에 시간을 분배하고 활용하고 있다는 것을 직접 보여주는 효과가 있다.

둘째, 효율적인 일상을 위한 루틴을 만들자. 나는 과거에 아침잠이 많다 보니 '어떻게 하면 스트레스를 받지 않고 기상할 수 있을까?' 하고 고민한 적이 있다. 일반 알람 소리보다는 스마트폰 음성 기능을 통한 날씨와 뉴스 등의 소식을 들었을 때 더욱 기상이 잘되는 것을 확인하였다. 그리고 이는 세상이 돌아가는 소식에 좀 더 관심을 갖게 되는 힘도 되었다. 일어나서 가벼운 스트레칭을 하는 것, 오늘 해야 할 일을 순서대로 적고 중요한 일과 사소한 일을 결정하는 것, 자기 전 이행 여부를 확인하는 것 등 모두 좋으니 자신에게 잘 맞는 루틴을 만들어보자.

셋째, 해야 할 일에 시간을 '잘' 할당하고 배치하자. 대신 시간을 할당할 때는 너무 촉박한 것보다 여유 시간을 확보하여 할당하는 것이 좋다. 변수란 것이 존재하며, 준비하고 마무리하는 시간도 포함시켜야 하기 때문이다. 중요하고 강도가 높은 일은 그만큼 에너지가 최대치일 때 배치하는 것이 좋다. 휴식 시간 역시 마냥 허비하는 것이 아니라 '무엇을 해야겠다' 라는 명확함과 함께해야 의미 있게 보낼 수 있다. 그리고 이때 마감 시간을 결정해놓고 반드시 지킨다면 훨씬 효과적으로 시간을 활용하는 사람이 될 것이다.

처음부터 에너지를 관리하라

우리는 각자 보유한 에너지를 사용하고 충전하기를 반복한다. 에너지가 있어야 시간을 분배하고 각 시간을 활용하기 위해 활동하며 자신이 원하는 목표 지점을 향해 나아갈 수 있다. 에너지가 방전되면 소위 말하는 번아웃(Burnout)에 부딪히게 된다. 번아웃을 극복하고 다시 회복되는 것은 쉬운 일이 아니다. 즉, 처음부터 에너지를 잘 관리해야 하는 것이다. 이에 대해 나는 두 가지 방법을 제시하고자 한다.

첫째, 여가 시간을 만들고 휴식을 취해야 한다. 내가 온전히 쉴 수 있는 환경과 활동을 생각해보자. 아무것도 하지 않아도 괜찮다. 낭비라고 느껴질 정도로 과하거나, 스스로 먼저 '무기력하게 보냈다'라고 스트레스를 받지 않기만 하면 된다. 본인이 진정으로 휴식을 취하는 활동은 사람마다 다르다. 자신만의 활동을 생각해보자. 숙면이 될 수도, 운동이 될 수도,

좋아하는 카페에 가서 좋아하는 자리에서 책을 읽는 것이 될 수도 있다. 일을 할 때에도 휴식 시간은 필요하다. 효율적인 뇌 관리를 위해서는 50분 동안 일을 했으면 10분은 휴식하거나 자신만의 적절한 시간을 선정해서 티타임을 가지며 피로를 해소하는 것이 좋다.

둘째, 걱정을 줄여야 한다. 일어날 일에 대한 대비가 아닌 불필요한 걱정 말이다. 내가 지금 하고 있는 걱정이 불필요한 걱정이라는 것은 자기 자신이 제일 잘 알 것이다. 하루를 마무리할 때 오늘 못한 것은 내일로 시간을 분배하고 대비해 놓으면 된다. 일어날 리스크 역시 따로 관리하는 시간을 가지고 그 순간은 그걸로 마무리하자. 잠이 들 때는 모든 것을 잊고 자야 충분한 숙면으로 이어지고, 다음 날의 귀한 시간을 제대로 활용할 수 있을 것이다.

현장은 직무를 실험하는
최고의 무대다

현장에서 겪어보는 것이 필요한 이유

흔히 "경험은 돈을 주고 살 수 없을 정도로 값진 것"이라고 말한다. 경험을 통해 습득한 지식은 자신만의 견고한 노하우가 된다. 이론이나 지식으로 알고 있는 것이 막상 실제 경험해보면 생각과는 달라 당황하기도 하며, 대학에서 아무리 전공 공부를 통해 직무에 대한 이해도를 높였다고 해도 직접 경험해보고 현장을 겪어보면 이야기가 달라지기도 한다. 그래서 최대한 기회가 있을 때 자신의 직무나 직업과 관련한 경험은 최대한 해보는 게 좋다. 학과에서 진행하는 실습이든 아르바이트나 인턴의 기회를 통해서든 현장을 겪어보며 자신의 직무에 대한 이해도를 높이고 대비해야 한다.

아무리 강사가 강의를 잘하는 스킬을 공부하고 연습한다 해도 현장에 나가 직접 청중과 수강생을 만나게 되면 다양한 반응이 나오기 마련이다. '이 내용을 잘 이해할까?' 하고 걱정했던 것은 수월하게 넘어가고 오히려 별 걱정 없었던 부분에서 반응이 안 좋거나 청중의 이해도가 떨어지는 경험을 하는 경우도 있다. 이런 현장의 경험이 쌓이면 자기만의 노하우가 되어 강의를 준비할 때 청중의 반응을 예측하며 방향을 설정하는 데 도움이 된다.

또한 직접 강의 현장에서 겪어봤기에 나에게 맞는 대상층이 누구인지, 어떤 강의 주제와 내용을 전달할 때 강사로서 제일 즐겁고 유쾌한지를 파악할 수 있다. 그리고 그것은 강사로서의 영역을 확고히 하고 미래를 그리는 데 당연히 나침반의 역할이 되어준다.

현장에서 제대로 직무를 익히고 배운다면, 이를 바탕으로 실제 업무에 투입되었을 때를 대비할 수 있다. 그만큼 현장이 중요하다는 이야기다. 현장에서 자기만의 노하우를 축적하고 스킬을 차곡차곡 쌓는다면, 현재 계획하고 있는 '잡 설계'에 다각도로 활용할 수 있다. '현장에서 무엇을 겪고 무엇을 얻어갈 것인가?' 하며 스스로 기획하고 결과물을 만들어서 미래 잡 플랜을 설계하는 데 활용해보자.

현장 경험에 따라 판이하게 다른 대학생들

치위생과 학생들은 2학년이 되면 필수적으로 방학 때 치과로 실습을 나간다. 첫 현장실습을 나갈 때 나는 학교에서 배우는 실습 과목을 실제 환자에게 해본다고 하니 걱정도 되고 긴장도 많이 되었다. 특히 실습 때 고통을 호소하는 환자분을 응대하고 진료 보조를 하다 보면 실습 시간이 어떻게 흘러가는지조차 알 수 없을 정도로 가슴이 뛰었다. 그러나 그시간은 온전히 치과위생사로서 해야 하고 할 수 있는 일들을 정확히 볼 수 있었던 기회이기도 했다. 방학 내내 실습을 하다 보면 단지 이론과 교내 실습으로 겪었던 지식 확보 외에 현장에 대한 이해도를 높이고 여러 변수를 접해보며 노하우를 쌓을 수 있었다.

의료 및 보건 계열은 학과 특성상 언제나, 어디서나 응급상황을 맞이할 수 있다. 게다가 변수도 많고 다양한 각종 문제가 발생한다. 그렇기에 현장실습을 하지 않은 채 졸업 후 근무를 하게 된다면 어떤 어려움이 닥칠지 생각만 해도 아찔하다. 의료 및 보건 계열 외에도 현장실습을 필수로 하거나 적극 권장하는 학과들이 있다. 실제 상황에서 당황하지 않도록 미리 겪어봐야 하는 분야들이 있기 때문이다.

그러나 학과에 따라 현장실습이 아예 없는 학과도 있다. 특히 인문사회계열, 경상계열, 공학계열 등은 개인이 자력으로 현장을 찾아가 경험하지 않는 이상 현장 체험의 기회를 얻기가 힘들다. 운 좋게 관련 회사에서 인턴이나 아르바이트 등을 할 수 있다면 좋겠지만, 이런 기회가 모든 학생에게 돌아가는 것은 아니다. 기회를 얻지 못한 학생들은 현장을 직접 겪어보지 못한 채 학과에서 배운 이론적 지식과 실습 경험만을 토대로 졸업 후 바로 현장에 뛰어들어야 한다. 그러다 보니 현장 경험이 전무한 학생들은 다양한 문제 상황을 겪기도 하고 자신이 생각한 현장과 다르다는 것을 실감하는 경우가 많다.

신입사원을 대상으로 조기 퇴사를 생각하는 이유를 묻는 설문조사에서 언제나 "직무가 생각했던 것과 달라서, 적성과 맞지 않아서"라는 응답은 상위권을 차지한다. 그만큼 '현장은 다르다'라는 체감을 느끼는 경우가 많다는 것이다. 그래서 나는 진로상담으로 만나는 학생들에게 "졸업 전 반드시 현장을 경험할 수 있는 기회를 최대한 잡으세요"라고 추천한다.

중소기업 실무 현장에 스스로 뛰어든 E 씨

경영학과에서 마케팅을 전공하는 E 씨는 3학년이 되자 현장을 찾아 나서기 시작했다. 학교에서 배우는 마케팅 기법과 다양한 이론을 머리로만 아는 것이 아닌 직접 실천으로 옮겨보고 싶었기 때문이다. 무엇보다 "현장은 달라" 하고 말하는 선배들의 이야기를 들으며 자신의 직업을 선택하는 데 충분히 준비하고 기회를 최대한 살려서 결정하고 싶은 마음이었다. 대학생들에게 주어지는 대외활동도 좋은 경험이지만 그것을 현장이라고 칭하기에는 한계가 있었다. 그래서 E 씨는 방학 기간을 활용하여 꼭 대기업 인턴이 아니더라도 중소기업의 마케팅 직무를 급여에 상관없이 도전했다. 잡다한 일을 하더라도 현장에서 어떤 대화들이 오가는지, 어떤 흐름으로 업무가 진행되고 환경이 이뤄지는지 알고 싶은 마음이 간절했기에 이를 어필하며 기업에 도움을 요청하였다.

E 씨의 이 같은 경험은 조직에 대한 이해뿐만 아니라 마케팅이 진행되는 전반적인 프로세스, 실제 사용되는 기법·툴·프로그램 등을 이해하는 데 도움이 되었고 이는 현장을 겪어보지 않았다면 절대 배울 수 없는 것들이었다. E 씨는 마케팅의 실제 현장을 통해 자신의 적성과 흥미를 더욱 객관적으로 분석하며 진로를 확정할 수 있었다.

학과 수업은 그 자체만으로 힘을 발휘하기도 한다. 전공 필수 과목에서 얼마나 깊이 있게 학문을 파고드느냐에 따라 실력이 늘어나는 것도 다 학문이 주는 힘이다. 그러나 아무리 전공 필수 수업에서 학업을 성취하더라도 현장을 직접 겪어봐야 얻을 수 있는 것들이 있다. 따라서 전공이 무엇이든 자신이 얻고자 하는 것이 무엇인지, 현장을 통해 어디까지 얻을 수 있을 것인지 스스로 기획하고 계획을 짜보기를 적극 권한다.

지금 근무하는 직장이 곧 현장의 무대다

나는 직장인들에게 "현재 다니고 있는 회사가 그 자체로 현장의 실습 무대가 됩니다"라고 말한다. 마치 직무의 임상 시험실 같은 곳이라고 할 수 있는 것이다. 신입사원 시절, 나 역시 조직에 불평불만이 많은 직원이었다. '왜 나한테 이런 일까지 시키지? 이건 내 일이 아닌데'라는 생각도 많이 했다. 그러나 이직을 하고 경력이 쌓이니 비로소 느껴졌다. 절대 경험에서 버릴 것은 없다는 사실을 말이다. 작든 크든 여러 상황에서 그때 경험했던 것들을 활용할 일이 생겼고 결론적으로 도움이 되었다. 현 직장은 우리가 얻을 수 있는 온갖 경험치의 보고다. 당장 눈에 띄지 않는다면, 현재 회사에서 얻을 수 있는 것을 차분히 정리해보자. 그러면 의외의 결과에 놀라게 될 것이다.

화장품 패키지 디자인 분야에서 근무하는 직장인 B 씨는 자신의 회사 이력을 앞으로의 커리어 설계 시 적극적으로 활용하고 또 이를 바탕으로 실력을 인정받고자 했다. 그래서 지금까지의 프로젝트 결과물을 상시로 취합하며 업데이트하였다. 자신이 지닌 기술 측면에서 객관적으로 어느 역할까지 가능한지 결과물로 증명하게끔 포트폴리오를 만들었고, 자신의 직무 분야에서 겪었던 다양한 사례와 작업 과정 등을 카테고리별로 분류하여 정리하였다. 기본 포트폴리오 외에도 블로그를 관리하며 자신이 경험한 현장 이야기를 체계적으로 정리한 것이다.

이 작업을 하다 보면 자연스럽게 보이는 부분이 생긴다. 자신에게 현재 무엇이 부족하고, 새롭게 도전할 영역은 무엇이 좋을지 등 말이다. 화장품의 종류가 워낙 다양하고 패키지 디자인의 트렌드 역시 다양하다 보니 커리어 관리를 위해 업그레이드해야 할 것이 무엇인지 명확하게 눈에 보이는 것이다.

나는 과거 직업상담사 자격증을 취득한 직후 국비지원 훈련기관에서 근무한 적이 있다. 당시 나의 역할은 수강생 관리 및 상담, 훈련과정 편성 등과 관련된 업무였다. 이후 강사로 활동하며 그때의 경험을 토대로 직업상담사를 준비하는 분들에게 실무자 양성교육을 진행할 수 있었다. 현장을 겪어봤기에 전달할 수 있는 노하우와 이야기가 생겼던 것이다.

또한 많은 강사들의 블로그를 보면 강의 현장, 자신이 하고 있는 강의 분야에 대한 지식 전달 등 다양한 주제로 카테고리가 이루어져 있다. 이들은 블로그를 통해 현장 경험을 갖춘 사람으로서 스스로를 충분히 어필하고, 본인이 자신 있는 분야를 전달하면서 동시에 역량 강화를 위해 영역을 확대하고 도전해나갈 분야를 확인한다.

현장의 경험은 절대적이다. 내가 현장에서 보유한 지식과 기술, 노하우에는 어떤 것이 있는지 정리하고 앞으로 그것에서 더 업그레이드할 수 있는 명확한 틀을 잡는다면 진로는 물론이고 직업을 설계하는 데에도 큰 도움이 될 것이다.

현장을 알면 추가 커리어로 채울 것이 보인다

현장 경험에는 다양한 변수와 상황이 존재한다. 주업무가 같더라도 때로는 다른 사례가 생길 수 있고 다른 결과가 나올 수 있다. 이런 경험들이 합쳐져서 자신의 노하우가 되는 것이다. 대학생이라면 현재 학과에서 도전해볼 수 있는 현장실습의 기회를 찾자. 현직자라면 이미 '직무와 관련된 좋은 임상시험실'에 있는 것이니 자신의 업무와 결과물을 정리하자.

나의 주된 역할, 메인 업무와 서브 업무, 현장에서 쌓은 지식과 기술, 다양한 사례 모음집, 결과물 등 '직무 임상시험실'에서 얻은 것을 취합하자. 그리고 이에 멈추는 것이 아니라 이것을 기반으로 나의 잡 설계에 적용해야 한다. 현장을 겪어봤기에 희망 진로 분야가 뚜렷해지거나 변경될 수 있고 해당 분야 안에서 목표치와 미래를 구체적으로 설계할 수 있는 것이다.

4장

진로, 취업, 이직의
실전 로드맵

스몰 프로젝트
실천하기

직업을 찾는 일에도 '파일럿 테스트'가 필요하다

현재 있는 자리에서 적성을 찾아 경쟁력을 높일 수 있는 아이템을 찾았다면 이제 새로운 직업, 제2의 직업 등 직업 세계에서 '멀티잡 홀더'가 될 준비를 마친 셈이라 할 수 있다. 그런데 이때 당장 새로운 직업에 도전하는 것이 막연하고 두렵다면 '스몰 프로젝트'부터 시작해보자. '스몰 프로젝트'란 주변에서 쉽게 접해볼 수 있는 것부터 차근차근 시도해보는 일을 말한다. 작고 사소한 것부터 시도해나간다면 새로운 직무를 향한 실질적인 방향을 잡는 데 큰 도움이 될 것이다.

〈나 혼자 산다〉, 〈슈퍼맨이 돌아왔다〉, 〈복면가왕〉 등 다양한 프로그램은 원래 '파일럿 프로그램', 즉 시청자의 반응

여부에 따라 정식 편성 여부가 결정되는 시험 제작 프로그램이었다. 파일럿 프로그램들은 대개 명절 특집 프로그램으로 시작하는 경우가 많다. '파일럿'이라는 명칭은 컴퓨터 프로그램 등 최신 기술을 실제 상황에 적용하기 전에 시험 작동해보는 '파일럿 테스트(Pilot Test)'의 개념에서 가져온 것인데, 직무를 설계하고 계획할 때 역시 본격적인 실전에 들어가기에 앞서 가능성과 효과를 살펴보는 '파일럿 테스트'를 해보자는 것이다.

그렇다면 이러한 스몰 프로젝트는 어떻게 시작하면 좋을까? 먼저 우리 주변에서 시도할 수 있는 것부터 찾아보길 바란다. 지금 대학생이라면 전공 분야에서 가장 자신 있거나 도전해보고 싶은 분야를 선택하자. 난이도가 쉬운 것부터 시도해가다 보면 결과물의 차원이 달라지고 자신의 성장 과정을 눈으로 볼 수 있다.

경진대회나 공모전을 준비하는 것도 추천한다. 꼭 수상하는 것이 아니더라도 해당 주제에 따른 준비 과정과 결과는 스몰 프로젝트의 좋은 결과물로 나올 것이다. 특히나 기업에서 주최하는 공모전은 해당 분야의 전문성을 반영한 프로젝트로 점점 그 난이도가 높아지고 있다. 공모전을 준비하는 과정이 쉽진 않겠지만 자신이 희망하는 분야의 주제라면 한 번쯤 겪어보는 것도 좋을 것이다.

'1일 1블로그'에 도전한 최 주임

마케터로 근무하는 최 주임은 '나의 개인 역량을 개발하기 위하여 할 수 있는 것이 무엇일까?' 하고 고민하였다. 회사에서 마케팅을 위해 기본적으로 블로그 관리를 했던 것을 바탕으로 스몰 프로젝트에 도전했다. 1년, 즉 365일 동안 '1일 1블로그'를 작성하는 것을 목표로 한 것이었다.

무슨 일이 있더라도 하루에 한 건 이상 블로그를 작성하는 것이 쉬운 일은 아니었으나 꾸준함과 반복은 결국 습관이 되어 목표한 바를 달성할 수 있었다. 그리고 최 주임의 블로그는 노출 건수, 유입률 등에서 시작할 때와 확연히 비교되는 통계로 그 성과를 확인할 수 있었다. 이처럼 꾸준함을 무기로 한 스몰 프로젝트에 도전하는 것도 방법이다.

이처럼 직장인이라면 회사 업무 중에서 스몰 프로젝트를 찾아보자. 스몰 프로젝트는 조금만 주위를 둘러봐도 시작할 수 있는 환경이 많다. 대단한 것, 멀리 있는 것이 아니더라도 괜찮다. 쉽게 접근할 수 있는 주변부터 찾아보자.

스몰 프로젝트의 결과물은 좋은 포트폴리오가 되어준다. 포트폴리오는 자신의 실력을 보여줄 수 있는, 다양한 내용을 집약한 작품집 같은 것이다. 그만큼 스몰 프로젝트의 결과물 역시 포트폴리오로 활용할 수 있게 자신만의 방식으로 취합하고 기록으로 남겨놓자. 블로그, 유튜브 등을 활용하여 기

록을 남겨놓을 수 있고, 혹은 PPT나 PDF 등의 파일로 완성
시킬 수도 있다.

스몰 프로젝트 결과물 모으기

나는 강사로 활동하며 새로운 강의 콘텐츠에 대해 늘 고민
이 많았다. 남들 다 하는 내용, 이미 포화된 시장이 아닌 새롭
게 내가 시작할 수 있는 강의 주제의 필요성을 강사 일을 하
며 절실히 느꼈기에 나만의 스몰 프로젝트를 기획하였다.

강의 주제 키워드 한 가지를 선정하여 책을 보고 자료를
찾으며 공부하였고, 한 시간 이상 분량의 강의안을 만들었
다. 아주 바쁠 때는 어쩔 수 없었지만 강사들은 소위 비수기
가 있기에 여유가 될 때마다 "이번엔 두 건 만들기", "이번엔
세 건 만들기" 하며 목표를 잡고 진행하였다.

강사는 늘 새로운 분야에 대한 연구, 트렌드와 지식 습득
에 게을러지면 안 된다는 특성이 있다. 나의 스몰 프로젝트
는 강사로서 성장을 자극하는 아주 좋은 활동이었고 그것으
로 만들어진 결과물 역시 나의 귀한 자산이 되었다.

누군가는 희망 분야의 관련 자료를 스크랩한 후 자신의 견
해를 정리하거나 파생되는 용어, 지식 팁 등을 정리한 후 지
식 모음집으로 갖고 있을 수도 있다. 그리고 실무 감각을 향

상하기 위해 해당 분야에서 사용하는 기획안 샘플 작업을 해보거나 관련 사례를 연구하여 모아볼 수도 있다.

어떤 주제의 스몰 프로젝트를 진행하느냐에 따라 결과물은 천차만별 달라질 것이다. 꼭 디자인 분야처럼 화려하고 멋진 작품들이 아니더라도 작은 것부터 단계를 경험해본 것 자체가 의미 있으므로 내가 한 노력과 과정을 정리해보자.

스몰 프로젝트를 활용한 실전 로드맵 연결

그렇다면 자신의 스몰 프로젝트를 확장하여 실전 로드맵으로 어떻게 연결할 수 있을까? 우선 스몰 프로젝트를 선정하는 것 역시 지금 현재 나의 기준에서 역량을 더욱 강화시킬 수 있는 것으로 찾아야 한다. 자신이 희망하는 분야 안에서 지식이 부족할 수도, 경험이 부족할 수도 있다. 객관적으로 돌아보고 더욱 역량 강화를 위해 필요한 분야에서 찾아보자.

스몰 프로젝트를 선정한 후 실천시켜나가다 보면 더 강화해야 할 것, 방향의 수정이 필요한 것 등이 생길 것이다. '트렌드 파악이 더 필요하구나', '직접적인 실전 연습이 필요하구나', '현업 실무자의 이야기를 참고해야겠구나' 등으로 말이다.

물론 지금 현재 갖고 있는 것을 지속적으로 유지해나가면

되는 부분들도 있을 것이다. 각각 카테고리를 나눠보고 그것을 기반으로 자신의 로드맵으로 연결하여 완성하면 된다.

예컨대 가방 디자이너를 꿈꾸는 사람이 있다. 디자인을 전공한 것은 아니지만 가방에 대한 높은 이해도와 젊은 감각 등을 기반으로 SNS를 통해 자신의 가방 디자인 그림을 업로드하였고 주목을 받음으로써 자신감이 생겼다. 그러나 결국 디자이너로 활동하려면 기업에 입사하거나 자신이 직접 제작하고 운영하며 판매해야 하는데 그런 실질적인 과정에 대한 역량과 지식은 부족하다는 것을 깨달았다. 그래서 가장 먼저 스몰 프로젝트로 기업에서 주최하는 가방 디자인 공모전을 찾아 지원하였고, 이후 디자이너라는 직업을 위해 필요한 포트폴리오 완성, 디자인 툴 프로그램 습득 등의 계획으로 연결하여 로드맵을 완성해나가고 있다.

결국 로드맵이라는 것은 자신이 희망하는 목표를 달성하기 위한, 종합적인 계획을 말하는 것이다. 스몰 프로젝트 주제를 더 공식화하고 확장하여 실제 직무로 적용이 가능하도록 세부적인 방향을 설계해보자. 본인에게 개발이 필요한 점, 보완이 필요한 점, 유지 및 강화가 필요한 점 등 기준을 나누어서 희망 분야로 연결한다면 더욱 견고하게 자신의 직무를 실현시킬 수 있다.

결국 '멀티잡'을 위한 사전 단계다

스몰 프로젝트는 너무 방대하거나 어려운 것으로 접근하는 것이 아니다. 가까이에 있는 것부터 당장 실천해볼 수 있는 것을 선정하되 희망 분야, 직무와 연결되는 것이어야 한다. 자신만의 프로젝트이므로 방향과 콘셉트는 스스로 설정할 수 있다는 매력이 있다. 어떤 결과를 내고자 희망하는지 스스로 잡아보고 그것을 완수했을 때를 고려해야 한다.

스몰 프로젝트는 결국 '멀티잡'을 이루기 위한 사전 단계다. 여기에서 확장시키고 발전시켜 실전에 접목한다면 앞으로 더 초점을 맞춰야 할 것들은 무엇인지 집중해볼 수 있다.

진로 선택은 패키지
과정이 되어야 한다

직업 발달에도 단계가 있다

진로에 대한 고민은 연속적인 과정이다. 발달적 직업 상담 분야에 저명한 학자 도널드 슈퍼(Donald E. Super)는 전 생애에 걸쳐 진로 선택과 발달 과정이 이루어진다고 하였으며 이를 성장기, 탐색기, 확립기, 유지기, 쇠퇴기 순으로 제시하였다. 즉, 나이에 따라 진로를 선택하는 기준이나 인식이 달라진다는 것이다.

슈퍼는 발달 이론에 따른 직업 발달을 다섯 단계로 분류했다. 1단계인 성장기는 출생~14세의 시기다. 성장기에는 직업에 대한 환상을 갖고 흥미와 능력을 중시한다. 2단계는 탐색기로 15~24세의 시기다. 이때는 점차적으로 진로에 필요한 교육과 경험을 쌓는 등의 현실적인 준비를 하게 된다. 3단계 확립기는 25~44세에 이루어진다. 이때는 자신의 분야를 발견하고 생활의 안정을 위해 노력한다. 4단계는 45~64세의 시기로, 유지기라 부른다. 유지기에는 자신의 위치를 더욱 공고히 하며 이를 유지하기 위해 노력한다. 마지막은 쇠퇴기로, 이 시기의 사람들은 은퇴와 함께 새로운 역할을 준비한다.

진로 고민은 당연한 과정이다

나 역시 어린 시절을 떠올려보면 그림 그리는 것을 좋아하여 화가나 디자이너가 될 줄 알았고, 점차 성장하며 '단순히 좋아해서만 되는 것이 아니라 실력이 중요하다'라는 것을 느끼면서 포기하였다. 그러다 진로를 선택하는 데 흥미와 적성만 작용되는 것이 아닌 여러 요소가 작용될 수 있다는 것을 배우며 점차 진로에 대한 선택과 준비를 현실적이고 구체적으로 해나갔다.

많은 사람들이 중학교 때에는 인문계고와 특성화고 등의 진학을 놓고 고민할 것이고, 고등학교 때는 대학교를 진학할지 취업을 할지를 고민한다. 혹은 대학교를 진학한다면 어떤 전공을 선택할지를 또 고민한다. 대학을 다니면서도 진로에 대한 고민은 이어지며 이것은 사실 사회인이 되어서도 마찬가지다.

특히 대학교 진학을 앞둔 상태에서의 진로 고민은 가장 당연시되는 것이라고 말할 수 있다. 대학교 저학년을 대상으로 진로상담을 할 때 학과를 선택하게 된 계기를 자주 묻는다. 그러면 "성적에 맞춰 학과를 선택했다"라는 답변이 대다수다. 그 외에 "관심이 가는 분야이기에 접해보고 싶어서", "부모님과 주변의 추천으로" 등의 답변도 있었다.

나는 고등학교 졸업 당시 '치위생과'라는 전공을 선택한 이유가 단 한 가지였다. 취업이 잘 되는 학과라는 것이었다. 그 당시에는 학교에서 체계적으로 진로상담 선생님과의 상담을 제공하는 시스템도 없었기에 흥미, 적성 등의 중요성을 인지하지 못한 채 부모님, 담임선생님과의 가벼운 상의 후 바로 선택하였다. 그리고 나서 나의 선택은 곧 후회로 이어졌다. 전공 공부를 하면서도 잘 맞지 않는다는 현실에 힘들어했고, 대학교 다닌 것이 아까워서라도 포기하고 싶지 않았기에 졸업 후 치과에서 근무를 하였으나 현실은 더욱 난감하기만 했다.

진로를 선택해야 하는 시기의 학생들과 부모님들은 고민이 많을 수밖에 없다. 내가 직접 겪었던 과정이기에 진로에 대한 고민을 안고 전공을 선택해야 하는 학생들과 부모님들에게 "당장 눈앞의 대학 선택이 아닌 길게 보며 직업과 연결해서 패키지로 생각하세요"라고 강조하고 싶다. 짧게는 2년, 길게는 4년 이상의 시간을 공부하며 습득한 것을 기반으로 자신의 명확한 직업과 일을 찾을 수 있는 방향으로 말이다.

직업으로 연결되는 패키지 진로 선택

전공과 진로 선택은 단순한 대학 진학용으로 생각해서는 안 된다. 성적에 맞춰 진학하는 것이 아니라, 추후 직업을 연계해서 생각하며 미래 진로를 명확하게 그린 후 하나의 발돋움 과정으로 이용해야 한다. 단순한 학위 취득을 위함이 아니라 애초에 직업을 위한 과정으로 잘 선택하자는 것이다.

대학생 S 씨는 중학교 때부터 부모님과 진로에 대한 이야기를 구체적으로 자주 나누었다고 한다. 요즘은 어떤 것에 관심이 있는지, 배워보고 싶은 것이 있는지 등에 대해 편안하게 물어보고 다양한 분야와 직업에 대한 정보를 전달하거나 사회의 이야기를 조언해주며 말이다. "얼른 목표를 잡고 꿈을 정해", "일단 대학은 가고 그 후에 진로를 고민해"라고 압박하는 대화가 아니었다. 부모님은 천천히 관심사에 대해 들어주고 인생 선배로서 그리고 자녀를 제일 잘 아는 입장에서 현실적인 조언을 해주셨다. 그랬기에 S 씨는 주변의 압박,

현실 상황 등으로 인해 떠밀린 어쩔 수 없는 선택이 아닌 자기 자신에 초점을 맞추는 진로 선택이 가능해졌다. 내가 진정으로 배워보고 싶은 것은 무엇인지, 나의 커리어로 선택하고 싶은 것은 무엇인지 등에 대해 집중해서 찾아볼 수 있었던 것이다.

누군가는 전공을 살려 직업을 선택하는 사람들이 얼마나 되느냐고 말한다. "대학은 대학이고 직업은 직업이다"라고 말이다. 그것이 잘못되었다는 것은 아니지만 굳이 그럴 필요가 없다. 전공을 직접적으로 선택하기 전부터 자신에 대한 이해, 진로 선택의 중요성, 커리어로 연결되는 미래까지 생각한다면 효율적이고 합리적인 선택이 가능하다.

나 역시 '그때로 돌아간다면 좀 더 신중하게 직업과 연결하여 진로를 선택했을 것'이라는 후회가 있다. 물론 지금의 상황에서는 후회만 하고 있을 수 없으므로 그때의 경험을 교훈 삼아 앞으로의 미래를 설계하고, 진로를 고민하는 후배들에게 나의 이야기를 하나의 예시로 활용하고 있다.

진로 선택에 있어서 보호자의 역할도 중요함을 강조하고 싶다. 오랫동안 봐온 자녀의 성향을 인지하고 적극적인 지지자가 되어주어야 한다. 부모 자신의 꿈과 바람이 아니라 자녀의 희망사항에 초점을 맞춰야 한다. 어떤 전공과 진로를 선택했을 때 즐겁게 공부할 수 있을지, 연결되어 진출할 수 있는 분야는 무엇인지 관심을 가져야 한다. 그래야 진로 선택부터 구체적으로 설계하여 직업까지 연결되는 효과를 낳으며 자녀 스스로 선택하는 힘을 배울 수 있다.

진로를 선택할 때 고려해야 할 세 가지

그렇다면 진로를 선택할 때 고려해야 할 주의사항에는 어떤 것이 있을까? 가장 명심해야 할 것은 자녀의 진로 선택에 대해 의문을 가지거나 부모 자신의 기준을 적용시키지 않는 것이다. "안정적인 직업을 선택해", "그걸로 어떻게 먹고 살래?", "이게 현실적으로 되겠어?" 등의 질문은 삼가는 것이 좋으며 자녀를 믿고 지지해주어야 한다.

지금은 자기 개성을 살리는 시대다. 남들 다 가는 분야의 길을 가야 하는 것이 아닌 자신만의 분야를 개척해야 한다. 스스로 진입장벽을 높일 필요가 없다. 얼마든지 자신이 갖고 있는 강점을 발휘하는 진로 선택이 가능하고 그것을 확장시킬 수도 있다. 믿음을 더욱 확고히 하기 위해 나는 진로 선택 시 고려할 사항으로 세 가지를 제시하고 싶다.

첫째, 학과에 대한 이해도를 높이자. 희망하는 학교의 홈페이지 내용을 살펴보는 것은 물론 구체적인 정보 탐색을 해야 한다. 요즘은 정보처가 다양하다. 이미 그 학과에 재학 중인 선배의 브이로그도 존재하며 학과 및 진출 분야에 대한 정보와 사례는 무궁무진하게 살펴볼 수 있다. 입학을 위한 준비사항도 세부적으로 파악해야 하며 졸업 후 진출 분야는 더욱 꼼꼼히 탐색하고 분석해야 한다. '이런 분야가 있구나' 하는 정도가 아니라 구체적인 직무는 무엇인지, 취업 준비 프로세스는 어떠한지 등에 대해 체계적으로 정리하고 현실적으로 파악하도록 하자.

둘째, 고민 중인 학과를 놓고 가중치 점수를 매기도록 하자. 한 가지로 희망 진로가 명확한 것이 아닌 여러 진로를 놓고 고민하는 상황도 많이 있을 것이다. 물론 입학 후 복수전공, 부전공 등의 기회가 있으나 전공을 선택할 때는 조금 더 신중함이 필요하다. 자신만의 중요한 기준을 정하고 가중치 점수를 매겨 비교해보자. 예를 들어 내가 배우고 싶은 커리큘럼, 취업률의 안정성, 학과 활동의 다양성 등 기준을 몇 가지 만들고 100점 만점으로 각 기준마다 중요하게 생각하는 순서에 따라 점수를 배분하는 것이다. 배우고 싶은 커리큘럼은 50점이고 취업률의 안정성은 20점일 수 있는 것이다. 그리고 해당 점수를 기준으로 각 학과마다 몇 점 정도 차지하는지 작성한 후 합계를 내보면 중요하게 생각하는 가중치가 파악된다.

셋째, 구체적인 전공 공부 방법 및 직업 연결을 계획하자.

공부의 양이 방대할 수도 난이도가 매우 높을 수도 있다. 전공 공부를 통해 자격증을 취득하는 경우도 있고 복수전공을 함께하면 시너지 효과가 나는 경우도 있다. 구체적인 계획을 설계하도록 하자. 이른 감이 있겠지만 졸업 후 희망 진출 분야도 무엇이 있는지 파악한 후 그것에 도달하는 계획까지 명확하게 설계해두자. 그렇게 한 학생은 더욱 알차고 의미 있는 대학 생활을 보내게 될 것이다.

후회를 줄이기 위해 합리적인 선택을 하자

진로에 대해 고민할 때 어떤 선택을 하든지 후회가 남을 수는 있다. 그러나 후회를 최대한 줄이려면 우리는 합리적으로 생각하고 선택해야 한다. 당장 눈앞에 있는 선택과 결정에 초점을 맞추지 말고 결국 내가 진출할 분야라는 것을 생각하며 폭넓게 연결하자. 자신이 어떤 분야의 공부를 희망하는지 자신에 대해 초점을 맞추고 생각해야 하며 전공 이후 그릴 수 있는 미래와 길을 뚜렷하게 살펴봐야 한다. 그러다 보면 자신의 전공이 미래 직업과 직무를 위한 좋은 과정으로서 작용할 것이다.

관심사에서 출발하는
취업 준비

추천 알고리즘은 당신의 관심사를 말해준다

취업준비생들은 새로운 사회생활을 앞둔 만큼 더욱 신중하고 고민도 많을 수밖에 없다. 진로 방향을 잡지 못한 사람뿐만 아니라 방향을 잡은 사람도 고민이 많을 것이다. '과연 이 길로 가는 것이 맞나?' 하는 고민, 취업의 어려움으로 인한 고민 등 말이다.

내가 그들에게 최우선으로 추천하고 싶은 것은 진입의 길을 명확히 하기 위해 자신의 관심사를 돌아보는 것이다. 다만 내가 무엇을 좋아하고 무엇에 관심이 가는지 단순히 생각하는 것보다 좀 더 현실적이고 객관적인 방법으로 돌아볼 필요가 있다. SNS, 유튜브 등을 보다 보면 자연스럽게 내가 자주 보거나 내가 관심 있는 것을 추천해주는 영상이나 광고가 뜬다. 그것을 이른바 '알고리즘(Algorism)'이라 일컫는다.

예컨대 단짝 친구 두 사람이 있다. 한 사람의 유튜브 영상은 아이돌, 예능 프로그램, 드라마 편집, 먹방 등을 위주로 추천되고 있다. 다른 한 사람은 대학생 자기계발, 면접 준비 방법, 지식 제공 영상 등으로 추천되고 있다. 두 사람이 친구인지 모르고 알고리즘만 보았다면 '과연 절친이 맞나?' 하는 생각이 들 정도로 서로의 관심사가 다르다.

알고리즘은 객관적인 결과로 관심사를 말해주고 있다. 물론 예능 프로그램을 본다고 해서, 먹방을 본다고 해서 잘못되었다는 이야기가 아니다. 다만 "관심사가 너무 휴식용으로 편협하게 치우쳐져 있다면 반성의 시간도 필요하다"라는 것을 말해주고 싶다.

만일 직업에 대한 고민이 필요하고 현실적인 노력을 해야 하는 입장임에도 추천 알고리즘에 자기계발과 관련된 분야가 전혀 없다면 이건 문제가 아닐까? 이쯤 되면 한 번쯤 자신을 객관적으로 돌아봐야 한다. 그리고 이런 현실에 자극을 받았다면, 지금이라도 늦지 않았다. 자신의 알고리즘을 바꾸고 자신을 업그레이드할 수 있도록 실행할 때다. 나에게 무엇이 더 필요한지, 무엇을 더 할 수 있을지를 숙고한 뒤에 한 가지씩 실천해나가자.

차별화된 경험은 대단한 경험을 말하는 게 아니다

자신의 관심사를 확인하고 진입 방향을 설정한 사람들은 본격적인 취업 준비를 하게 된다. 자기소개서를 한 번이라도 작성해봤거나 작성하기 위해 준비하고 있는 사람이라면 요즘 자기소개서 항목은 지원자의 구체적인 경험을 묻는 경우가 많다는 것을 느낄 수 있다. 다 비슷한 경험이다 보니 자신만의 차별화된 이야기를 듣고 싶어 한다.

그러나 대학생이나 취업준비생은 이런 고민을 한다. '우리가 할 수 있는 경험은 제한적인데 어떻게 차별화를 강조할 수 있을까?'라고 말이다. 차별화된 경험은 아주 대단한 경험을 말하는 것이 아니다. 남들 다 가는 길을 똑같이 가려 하지 말고 자신이 할 수 있는 경험을 최대한 다양하게 찾아보거나 그 경험 안에서 구체적인 에피소드를 만들어가는 것을 말한다.

알고리즘을 통해 자신의 관심사를 확인하고 무엇을 해야 할지 생각해봤다면 그것을 대표할 경험을 쌓아야 한다. 진로 상담에서 만난 대학생 M 씨는 나에게 이런 이야기를 했다. "학교에서 제공되는 정보나 참여할 수 있는 프로그램이 생각보다 많아서 놀랐어요." 비싼 등록금을 내고 학교를 제대로 활용하지 못하는 학생이 있는가 하면 M 씨처럼 재학생으로서 누릴 수 있는 혜택과 서비스를 야무지게 활용하는 학생도 있다.

물론 학교마다 제공되는 서비스의 유형은 다르겠지만 학교 심리상담센터에서는 자신을 객관적으로 이해할 수 있는 심리 검사를 실시할 수 있고 취업상담센터에서는 자기소개서와 면접 컨설팅 등 다양한 구직 관련 기술·정보를 얻을 수 있다.

교내 홈페이지만 잘 살펴봐도 대학생이 참여 가능한 대외 활동을 공지해놓는다. 또한 직무 경험의 중요성을 강조하는 시대적 분위기에 비해 사실상 인턴의 기회를 잡는 것이 힘든 현 상황에서 일학습병행제, 현장실습 등의 제도를 통해 회사 생활을 해볼 수 있는 기회도 잡을 수 있다. 정보가 힘인 세상이다. 유용한 정보는 주체적으로 습득하자.

스스로 만들어가는 활동

M 씨는 다른 일에도 적극적이었다. 생각으로만 그치지 않고 실천으로 옮기는 사람이었다. 그는 '내 미래가 걸린 일인데 지금 당장 시간에 쫓기며 선택하는 것은 올바른 판단을 내리는 데 방해가 된다'라고 생각했고, 이에 따라 충분히 이해하고 경험을 쌓고자 하였다. 그의 희망 직군은 백화점 패션 MD였다. MD는 '머천다이저(Merchandiser)'의 약자로 상품의 기획 단계부터 시작하여 소비자에게 전달되기까지의 과정을 책임지는 전문가를 말한다.

다만 그는 '이 길이 내 길'이라는 확신과 정보가 아직 부족하다 생각하였고 그런 그가 제일 먼저 한 것은 희망 분야 현직자와의 만남이었다. M 씨는 패션 MD 현직자 커뮤니티에서 쪽지를 보내거나 SNS에서 DM(Direct Message)을 보내는 등 많은 사람과 접촉함으로써 인터뷰의 기회를 잡으려 하였다. 물론 업무가 바쁘고 정신없는 와중에 긍정적으로 회신을 주는 사람은 많지 않았다. 그러나 그의 정성과 노력이 통한 끝에 인터뷰에 응하겠다는 회신을 받았고 궁금한 점을 카테고리별로 리스트화하여 정중하게 인터뷰를 진행하게 되었다.

현직자는 그에게 몇 가지를 조언해주었다. 가장 눈에 띄는 조언은 "한 가지에만 집중하지 말고 다양하게 전문성을 증명하세요" 하는 것이었다. 이론과 지식에만 집중하는 것이 아닌 실습과 실무 경험을 쌓는 것이 함께 필요하다는 것이다. 공모전만 줄곧 참여한다거나 대학생 서포터즈 활동만 집중해서 하는 것이 아니라 가능한 한 다방면의 활동을 찾으라는 것이다.

그는 자기소개서에 대학생들이 흔히 하는 이야기가 아닌 자신만의 이야기를 담고자 하였다. 그래서 그는 마음이 맞는 친구들과 MD 준비를 콘셉트로 한 동아리를 개설했다. 그리고 좀 더 방향성과 시각을 넓히고자 취업 카페에 홍보글을 올리고 타 대학생들도 동아리 멤버로 모집했다. 동아리는 MD를 희망하는 학생들이 모여 직무를 공부하고 관련 경험을 쌓는 활동들로 진행되었고 주 1회 정기적으로 모이며 각각의 활동에 대해 아이디어를 주고받았다.

한 번은 기업 탐방 프로그램을 기획하였다. 지인이나 교수님들로부터 도움을 요청하며 현직자와 회사를 섭외하였고 유통업의 구조와 프로세스를 직접 보고 들으며 이해도를 높였다. 그리고 결과물을 남기기 위해 보고서를 작성하여 포트폴리오에 첨부했다. 또한 이들은 국내 백화점 여러 지점을 돌아다니며 매장 마다의 분위기와 콘셉트, 고객으로서 느낄 수 있는 강점과 보완점 등을 분석하였고 이 또한 마찬가지로 결과물로 남겨놓았다. 동아리에서 한 다양한 활동들은 자기소개서와 면접에서의 좋은 소재가 되어주었다.

이뿐만 아니라 그는 방학마다 콘셉트를 잡고 제대로 이뤄낼 수 있는 시기로 활용하였다. 2학년 여름방학은 백화점 아르바이트를, 3학년 겨울방학은 외국어 공부를 하는 식으로 말이다. 그의 이러한 경험은 결국 취업 성공으로 연결되었고 기업으로부터 "MD에 대한 열정이 주체적으로 보입니다"라는 피드백을 들었다고 한다.

남들 하는 대로 그대로 따라가는 것이 아닌 희망하는 분야에 집중하며 자신만의 이야기와 소재를 스스로 찾아갔기 때

문에 그는 취업 성공은 물론 자신의 길에 대한 확신도 얻을
수 있었다.

고민의 유형을 파악하라

직장생활을 처음 준비하고 시작하는 입장에서 겪고 있는
어려움과 고민은 사람마다 다르다. 그중 내가 안고 있는 고
민은 어느 유형의 것인지 생각해보자. 내 관심사를 점검하고
새롭게 잡아가야 하는 입장일 수도 있고, 차별화된 경험을 해
나가기 위한 기획 단계일 수도 있다.

원하는 분야에 진입하는 것을 성공했다고 하여 끝이 아니
다. 그 후부터 새로운 시작이다. 내가 바라는 길에 도달하였
다면 다음 길을 열어야 하고 내가 바라는 길에 도달하지 못했
다면 앞으로 사회인으로서 열어갈 수 있는 방향을 연구해야
한다. 아직 뚜렷한 길이 아니라면 뚜렷하게 만들기 위해 실
천할 수 있는 것들을 움직여서 해보자. 그 길이 점점 선명해
질 것이다. "경험은 충분히 값지다"라는 것을 많이들 알고 있
을 것이다. 자신만의 차별화된 경험은 특별해야만 가능한 것
이 아니다.

앞서 언급한 M 씨 역시 평범한 대학생이었다. 다만 생각
했고, 기획했고, 실천으로 옮겼다. 자신이 현재 해야 할 일과

할 수 있는 일은 스스로 한계와 제한을 두지 않고 도전해보자. 멀티잡을 위한 준비는 이처럼 자신만의 차별화된 경험을 쌓아갈 때 시작된다.

취업 준비도
'멀티플'하게

진로에도 차선책이 필요하다

청년층을 대상으로 한 취업 컨설팅을 진행하면서 이상과 현실 간의 괴리로 인해 고민하는 경우를 많이 보았다. 그중 가장 많은 비중을 차지하는 것이 좋아하는 일과 잘하는 일 사이에서 어떤 것을 진로로 선택해야 하느냐에 대한 고민이다. 그리고 이들의 이야기를 더 구체적으로 살펴보면 조금은 깊어진 고민의 방향이 보인다. 목표를 실현하기까지 다소 긴 시간이 소요될 것이 눈에 보이거나 현실적으로 난이도가 높은 경우 이에 계속 도전하는 것이 맞는지, 어떤 단계를 거쳐 준비해야 하는지 등을 구체적으로 고민하는 것이다.

또는 경쟁률이 높은 분야거나 현재 상황에서 객관적으로

점검해봤을 때 준비해야 할 것이 너무 많거나, 목표를 성취할 가능성이 낮거나 등의 경우 이 길을 과연 선택하는 것이 맞는지 기로에 설 수밖에 없다. 그럼에도 불구하고 많은 이들이 그 기회를 잡기 위해 오랜 시간이 걸리더라도 본인이 목표한 도전을 멈추지 않는다. '설령 실패하는 일이 있다 하더라도 도전조차 하지 않는 것은 옳지 않다'라고 생각하기 때문일 것이다.

그러나 취업 준비는 어디까지나 현실적으로 접근해야 하기 때문에, 나는 이들에게 '멀티플'하게 하라고 권유한다. 저마다 희망하는 목표 지점이 있겠지만 현실적으로 그 목표가 실현 가능한가의 여부도 중요하다. 따라서 자신의 현황과 상태를 객관적으로 점검하고, 진로 분야를 설정할 때 최선책이 되지 않을 경우를 대비한 차선책을 마련하라는 것이다. 플랜 B와 C까지도 설계해놓는다면 플랜 A만 세운 사람보다 현실적으로 취업 준비는 물론이고 진로를 정하는 데에도 훨씬 수월해질 수 있다. 물론 플랜 B와 C는 차선책이므로 자신이 원하는 만큼의 충족이 이루어지지 않을 수도 있다. 그러나 플랜 A를 포기하고 플랜 B를 선택해야 하는 현실적인 이유가 있었다면 진정으로 원하는 플랜 A를 실현해나가고 원하는 것을 충족시키기 위한 방법도 함께 그려보길 바란다.

어느 정도 경력이 쌓였을 때 새로운 역할을 추가하거나 이직할 때 경력을 활용하는 방법 등으로 말이다.

멀티플 진로 설계는 어떻게 시작할까?

진로 설계를 멀티플하게 할 때의 이점은 분명하다. 한 가지 분야를 준비할 때보다 여러 분야를 준비하게 되므로 그만큼 취업할 가능성이 높아진다. 나는 대학생들 대상의 강연을 나가면 꼭 '멀티플 진로 설계'를 강조한다. 심지어 갓 입학한 저학년 때부터 설계하는 것을 추천한다. 그러나 이미 고학년이라고 해서 늦은 것은 아니다. 고학년의 경우에는 다른 플랜으로 접근하면 된다. 즉, 이미 바꿀 수 없는 고정적인 요소에 연연하지 말고 각자의 시기와 현재 준비 상태에 맞춰 설계하면 된다. 만약 저학년이라면 전공을 통해 진출할 수 있는 분야를 협소하게 알고 있는 경우도 많으므로 직업과 산업에 대한 정보를 쌓아가는 것이 우선이다. 경영학과를 전공하여 재무 업무를 희망하더라도 진출할 수 있는 기업의 산업군은 다양하다. 반대로 유통업이라는 하나의 산업군을 희망하더라도 그 안에는 해외 영업, MD, 영업 관리 등 다양한 직업군이 존재한다. 진출할 수 있는 분야를 상세하게 파악하고 대학생 때 경험해볼 수 있는 활동들을 계획해 학년별 로드맵을 설계해보자.

특히 고학년의 경우 자신의 현재 상태를 객관적이고 냉철하게 파악해야 한다. 진정으로 원하는 진로의 우선순위를 세우고 자신에게 지금 부족한 것이 무엇인지 파악한 후 신속하게 채워나가야 하기 때문이다. 그 분야를 원하는 이유가 무엇인지 명확하게 생각해본다면 진로 분야를 멀티플하게 설계하는 것이 훨씬 수월해진다. 해야 할 업무에 특별히 매력을 느끼는 것인지, 취업에 성공할 가능성이 높기 때문인지, 타인에게 인정받을 만한 위치이기 때문인지 등 말이다.

진로 설계가 끝났다면 그 뒤로는 취업할 대상지를 넓혀나갈 것을 권유한다. 예를 들어 공기업만을 취업 대상으로 준비하는 학생이 있다면 비슷한 유형의 필기시험을 실시하는 일반 사기업에도 지원해보는 식이다. "Only 공기업" 하며 외치기보다 다른 기업의 지원도 열어두는 융통성을 갖자. 공기업은 안정성이 높은 만큼 경쟁률도 높기 때문에 다른 길로 진출할 길을 열어두는 게 좋다. 진로 설계를 멀티플하게 한다는 것은 중심 과녁 없이 이곳저곳에 초점을 맞추라는 의미가 아니다. 자신의 가능성을 좀 더 열어놓기 위한 길을 선택하자는 것이다. 이 방식은 또한 지금의 각자가 처한 상황과 속도에 따라 달라지므로 개인차가 있을 수밖에 없다. 정해진 정답이 있는 것이 아니므로 현재 자신이 어떤 단계에서 멀티플 진로 설계를 이뤄나가야 하는지 파악해보자.

진로는 다양한 연결이 가능하다

중어중문학과를 전공한 대학생 H 씨는 처음 상담을 진행할 때 항공사 승무원을 희망하였다. 그러나 높은 경쟁률로 인해 탈락의 횟수는 거듭되었다. 시간이 지체되며 졸업예정자에서 졸업생이 되었고 점점 초조함과 조급함을 느낄 수밖에 없었다.

시간이 얼마쯤 지났을 때, H 씨와 나는 현실적으로 생각하기로 하였다. 우선 승무원을 희망하는 가장 큰 이유가 전공인 중국어를 사용하며 서비스를 제공할 수 있다는 것임을 확인하였다. 그것을 반영하여 승무원 외에 호텔, 웨딩, 관광 등의 분야까지 확대하여 항공사 승무원이 아닌 '서비스직'에 초점을 맞추는 플랜 B를 설계하였다. 승무원만을 준비하던 때보다 확연히 넓어진 가능성에 H 씨는 다시 의욕을 찾을 수 있었고 다양한 분야에 초점을 맞춘 입사지원서와 면접 준비를 통해 결국 호텔 업계에 취업하게 되었다. 중국어를 활용한 서비스 제공이 가능하다는 역할을 통해 직업에 대한 높은 만족도를 가질 수 있게 된 것이다.

얼마 전 서울시에서 진행되는 '청년지원사업'에 강의를 갔다가 인턴 J 씨를 만나게 되었다. 해당 사업은 청년들이 인턴 경험을 쌓을 수 있게 기회를 제공하는 사업이다. J 씨는 경영학과를 전공하고 기획 업무를 희망하고 있었다. "가장 희망하는 것은 경영기획 업무이지만 신입으로서 도전하기에 아주 기회가 많은 분야는 아니어서 경영기획과 연계되어 있는 회계, 경영지원 등의 파트에서 인턴 기회를 잡으려고 이 사업에 참여했어요"라고 했다. 자신이 도전하는 분야가 채용의 폭이 넓은 분야가 아니라면 J 씨처럼 해당 분야와 연계되어 있는 업무를 먼저 경험함으로써 경쟁력을 높이고 이후 최선책에 도전하는 것도 전략이 될 수 있다.

대학생 H 씨처럼 최선책을 희망한 이유가 무엇인지를 명확히 파악한 후 진로 분야를 다양하게 찾아갈 수도 있으며, 인턴 J 씨처럼 자신의 최선책과 연결된 차선책을 먼저 경험한 후 최선책을 다시 도전해나갈 수도 있다. 자신의 현재 진로 설계를 멀티플하게 해나가기 위해 다양한 시선과 방법으로 연결해보자.

멀티잡 홀더로 출발하자

그런데 '멀티플 진로 설계' 시 주의할 점이 있다. 가장 먼저 자신이 무엇을 원하고 있고 현재 자신에게 충족된 분야가 무엇이기에 이 진로를 최선책으로 선택했는지를 파악해야 한다는 점이다. 그래야 그다음 단계로 해당 분야의 연결고리를 찾아 차선책을 설계할 수 있다.

이처럼 플랜 B를 설계할 때는 미래를 함께 연결해야 한다. 현재 자신이 플랜 B를 선택함으로써 채워나갈 수 있는 것들이 무엇이 있는지 고려하고 3년, 5년, 7년 후 본인이 시기별로 도달할 수 있는 구체적인 지점과 목표를 세워야 한다. 그다음 이를 기반으로 새로운 영역을 넓혀나갈 수 있는 분야와 자신이 선택한 최선책 가운데 이루지 못했던 진로를 다시 연결함으로써 멀티잡을 실현해나가면 된다. 플랜 B, 플랜 C 등 멀티플 진로 설계가 이루어지면서 동시다발적으로 여러 가지를 준비하다 보면 자칫 계획한 설계가 중구난방이 되거나 혼란이 올 수도 있다. 그러므로 이때 역시 우선순위를 염두에 두고 이에 따라 차근차근 이뤄나가야 한다.

"플랜 B, 플랜 C를 설계한다"라는 말은 "내가 최선책으로 생각하는 것을 포기한다"라는 의미가 아니다. 오히려 시야와 가능성을 다양하게 넓힘으로써 플랜 A에 바싹 다가가며, 한편으로는 '멀티잡 홀더'를 실현시켜나가는 새로운 기회임을 기억하자. 지금의 시대는 진로 설계도, 업무의 영역도, 수익 구조도 다양하게 이뤄나가는 '멀티잡 실현 시대'인 만큼 그 시작부터 시야를 넓혀보는 일은 매우 중요하다. 진로의 로드맵은 멀티잡으로 준비해야 보다 더욱 명확해지고 계획을 실현하는 데에도 훨씬 더 효과적인 결과를 보여줄 것이다.

이직할 때는
성실함이 99%

직장인에게 이직이란?

"직장인이라면 누구나 사직서를 가슴에 품고 다닌다"라는 말이 있다. 매해 이직에 대한 계획을 묻는 설문조사가 진행되고 취업 관련 포털사이트에는 이직을 제안하는 카테고리가 따로 분류되어 있다. 각종 헤드헌터(Headhunter)들은 열을 다해 인재를 관리한다. 평생직장에 대한 개념이 사라지면서 더 나은 기회를 갖기 위한 사람들의 이직 노력은 어쩌면 당연한 것이 되었다.

나도 회사를 다닐 때 365일 항상은 아니었지만 이직에 대한 욕구가 강렬하게 있었다. 사람으로 인해 스트레스를 받을 때, 더 이상 이 회사에서 나의 미래와 비전이 보이지 않을 때,

일에 대한 불만족이 생길 때 등 다양한 이유로 몰래 채용 공고를 살펴봤던 기억이 난다. '어딘가 갈 데가 있구나' 하는 생각만으로 위안이 될 때도 있었고 '다 조건이 거기서 거기구나' 하고 좌절했던 때도 있었다.

그러나 채용 공고를 살펴만 보고 직접 지원을 적극적으로 하지 못했던 이유는, 이직을 현실로 옮기기엔 아직 준비가 덜 되어 있었고 '지금이 때가 맞나?' 하는 망설임이 들었기 때문이었다. 이직에도 적절한 타이밍이 있다. 무작정 지금의 회사가 싫어서 떠나는 것이 아니라 자신에게 온 기회를 잡는 것이 되어야 한다. 그리고 그런 타이밍은 스스로 만들 수 있다. 이직을 자신의 잡 플랜을 위한 도구로 잘 활용하기 위해 필요한 것이 무엇인지 생각해보자.

이직을 위한 기본 조건

이직을 하고 후회하는 경우도 많으므로 현명하게 해야 한다. 새로운 조직에 적응하는 것도 힘든데 또 다른 유형의 고통이 존재하기 때문이다. 세상에 완벽한 사람은 없듯이 완벽한 조직 또한 없다. 자신의 조직에 100점 만점을 주는 사람이 과연 몇이나 있을까? 이전 회사에서 사람 때문에 힘들었다면 이번 회사에서는 업무 과다로 힘들 수 있다. '내가 생각한 업무가 아닌데?' 하는 경우도 있으며 조직 문화가 맞지 않는 경우도 있다. 여러 이해 관계자들이 엮여서 수익을 내기 위한 구조에 속해 있기에 자신의 일을 해나가는 과정에서 다양한 어려움이 발생할 수 있는 것이다.

선택에 후회를 줄이고 커리어 목표 달성을 이루어내는 똑똑한 이직을 하려면 기본적인 조건과 주의사항을 지켜야 한다. 새로운 회사와 조건에 눈이 멀어 소위 말하는 '유종의 미'를 거두지 못해선 안 되며 개인적인 경력 개발을 위해서도 목표가 뚜렷하지 않은 채 무작정 새로운 길을 선택해서는 안 된다.

지금 회사가 최악의 조건이 아니라면 적어도 1년은 채우는 것을 추천한다. 여기서 말하는 최악의 조건이란 임금 지급이 잘되지 않거나 직장 내 괴롭힘, 성희롱 등의 문제가 발생하는 경우를 일컫는다. 1년 미만의 경력은 여러 사람들이 의문을 가질 수밖에 없다. 직장생활 부적응 문제가 있는 것인지, 원래 잦은 이직이 습관인 것인지 등 말이다.

또한 현재 신입으로 첫 회사를 다니고 있는 상황이라면 2년에서 3년은 근무할 것을 추천한다. 그래야 이직을 할 때 신입이 아닌 경력자로 인정받을 수 있다. '이미 다니고 있는 회사에 마음이 떠서 이직을 원하고 있는데 어떻게 3년을 채운단 말이야?' 하고 생각할 수도 있다. 하지만 3년의 시간을 마냥 보내라는 것이 아니다. 우리는 그 회사 안에서 얻어갈 수 있는 것을 생각해야 한다. 의미 있는 시간이 되려면 자신의 명확한 잡 플랜 설계 및 성장의 과정으로 삼아야 한다.

현명하게 이직 준비하기

그렇다면 이직을 현명하게 하려면 어떤 방법이 필요한지 구체적으로 생각해보자. 무작정 이직을 했다가 오히려 에너지 소비, 시간 낭비 등 자신이 생각하지 못했던 부정적 결과로 연결될 수도 있다. 그것을 막으려면 애초에 시작을 잘하는 방법을 찾아야 한다. 나는 세 가지 방법을 제안하고자 한다.

첫째, 이직은 일종의 '평판 관리'라는 것을 기억하자. 특히나 같은 계열에서 이직하는 것이라면 말이다. 실제 내가 아는 이사님은 괜찮은 지원자 몇몇을 추린 후 다녔던 전 회사에 연락을 취한다. 그 정도 위치가 되면 다른 회사에 아는 사람들은 많이 있기 마련이다. 어떤 사람인지, 문제는 없었는지 등을 파악한 후 최종 입사를 결정하는 경우를 많이 보았다. 이를 '경력자 평판 조회'라고도 한다.

내가 아는 헤드헌터 역시 마찬가지다. 한 사람을 잘 채용하거나 반대로 잘못 채용할 경우 회사에 미치는 영향은 생각 이상이기 때문이다. 회사에 연락을 취하여 기본적인 평판 조회를 통해 인재를 관리하고 추천한다. 이처럼 평판 관리는 선택이 아니라 필수이며 단기적으로 완성되는 것이 아닌 꾸준함이 필요한 것이다. 조직에 아무리 불만이 많더라도 '떠나면 그만이지' 하고 생각하지 말자. 역할, 인맥 관리에 가능한 한 최선을 다해야 한다. 평판 관리의 결과는 마치 부메랑처럼 나에게 돌아오는 것이다.

둘째, 자신만의 기준 리스트를 만들도록 하자. 무엇이든 완벽한 조직은 없다. 그렇다면 그 안에서 포기할 수 없는 것과 포기가 가능한 것을 확인하기 위해 우선순위를 정해야 한다. 연봉이나 근로 조건이 될 수도 있고, 비전과 성장 가능성이 될 수도 있다. 자신만의 회사 선택 기준을 생각해보고 리스트를 만들자. 내가 아는 지인은 현 회사와 이직 제안을 받은 회사를 엑셀로 정리한다. 장점과 단점을 나열하며 자신의 기준과 비교해보고 객관적으로 더 나은 것을 선택하려 노력한다. 명확하게 정리되지 않은 채 선택하게 되면 더 많은 후회를 남길 수밖에 없다.

셋째, 결국은 경력 관리가 필요하다. 이직을 하기 위해서는 자신이 어떤 사람이고 회사에 기여할 수 있는 바가 무엇인지를 회사에 어필해야 한다. 경력 관리는 늘 꾸준히 업데이트해야 자신의 현황을 살펴볼 수 있고 필요한 자기계발이 무엇인지 눈에 보인다. 지금까지 해온 프로젝트를 취합하여 정리하는 것도 좋다. 경력자의 포트폴리오는 신입보다 성과물로 보여야 하니 말이다. 지금 당장 이직을 하는 것이 아니더라도 자신의 이력서를 업데이트해보면 현재 무엇이 더 필요한지 알 수 있다.

혹 다른 계열로 이직을 희망하는 사람도 있을 것이다. 그렇다면 지금까지의 이력을 최대한 활용할 수 있는 방법을 찾아야 한다. 직무 역할은 같지만 업계가 다를 수 있고 아예 새로운 출발을 희망할 수도 있다. 직무가 같은 경우에는 사용할 수 있는 프로그램, 공통된 역할 등을 어필하며 경력으로 이용할 수 있다. 그러나 아예 다른 역할을 도전하는 것이라면 역할 자체는 인정받지 못하지만 조직생활에 필요한 책임감, 문제해결력, 조직 규칙의 수행력, 인간관계에서의 강점 등을 최대한 어필해야 할 것이다.

현명한 이직을 위하여 내게 지금 부족한 것이 무엇인지, 부족한 것을 보완할 수 있는 방법에는 무엇이 있는지 찾아보자. 평판 관리에 자신이 없었다면 내일 당장 해볼 수 있는 행동에는 무엇이 있을지, 경력 관리가 잘되지 않았다면 도전해볼 수 있는 자격증이나 투입될 수 있는 프로젝트에는 무엇이 있는지 등을 찾아봐야 한다. 그러한 결과물은 결국 나에게 돌아온다는 사실을 꼭 기억하자.

결국은 성실함이 관건이다

현 회사에서 이룬 것들은 결국 어떤 방향으로도 빛을 볼 수 있고 인정받을 수 있다. 인간관계를 위한 노력, 내 역할에 대한 책임감, 자신의 길에서 성장한 원동력 모두 말이다. 결국 이직할 때는 '성실함'이 99%를 차지한다. 당장 급하게 마음을 먹고 무작정 움직이기보다는 나의 성실함을 위해 노력할 수 있는 방향을 생각해보자. 그리고 그 성실함을 키우기 위한 방향이 업무 실력이 되었든, '내가 이 회사를 떠날 때 적어도 한 번은 붙잡혀봐야지' 하는 생각으로 평판 관리를 잘했든, 목표와 미래 방향이 뚜렷하여 그것을 위한 준비가 되었든 꼭 자신에게 도움이 된다는 것을 이해하자.

기본적인 성실함이 장착되었을 때 결국 우리는 원하는 길을 나아갈 수 있는 힘이 생긴다. 이것은 아주 대단한 것이 아닌 본인 스스로 얼마든지 꾸준히 해나갈 수 있는 방향이다. 지금 자신의 성실함이 어느 정도인지 고려해보고 성실함을 위한 사소한 행동 하나부터 체크해보자.

가치를 높이는
이직의 기술

이직이 어려운 이유

한 회사에서 5년 이상 근무한 경력자들이 마음먹은 대로 이직이 잘 이뤄지지 않아 고민하는 경우가 더러 있다. 특히 오랜만에 이력서를 작성하고 면접을 볼 생각을 하니 부담을 느끼는 경우도 많다. 내 주변 지인 중에도 "회사를 그만두고 싶다", "좋은 곳으로 옮기고 싶다"라는 말을 하는 사람들이 적지 않다. 그러나 하나같이 말하는 고민은 "요즘 어떻게 무엇을 준비해야 하는지 모르겠다"라는 것과 "막상 이직하려니 막막하여 계속 생각만 하고 미루게 된다"라는 것이다. 특히 한 회사에서 오래 근무한 사람들은 계속해서 변화하는 채용 시장에 당황해하는 경우도 있다.

물론 경력직 같은 경우 자기소개서보다는 경력기술서의 중요성이 높은 편이다. 지금까지 해온 프로젝트에 대한 경력과 경험을 더 중요시하기 때문이다. 그렇다고 해서 자기소개서를 아예 무시해도 된다는 것은 아니다. 기본적인 내용은 갖춰서 작성해야 하는데 마지막으로 작성한 것이 꽤 오래전이다 보니 새롭게 자기소개서를 작성하는 방법을 잘 모르는 어려움을 겪는다. 신입 때 썼던 것을 그대로 쓸 수는 없으니 말이다.

면접도 마찬가지다. 자신의 직급과 연차를 봤을 때 기대하는 바를 어떻게 일목요연하게 회사에 전달할 수 있을지에 대한 고민이 많다. 비대면 면접 등 과거 취업을 준비하던 때와 달라진 면접 형식들도 존재하다 보니 생소함과 어색함을 느낀다. 무엇보다 이직 시 가장 대표적인 면접 질문은 '퇴사 사유'일 것이다. 이왕이면 솔직한 답변이 좋겠지만 '우리 회사에 들어와서도 여전히 그런 사유가 이어지지 않을까?' 하는 걱정으로 연결될 수 있는 답변도 있으므로 스스로 주의해야 할 부분을 체크해봐야 한다.

마음에 품고 있던 이직 계획을 현실로 가져가기 위해 중요한 것은 실질적으로 필요한 기술을 습득해야 한다는 것이다. 즉, 이력서와 경력기술서, 면접 등을 준비하는 방법을 이해하고 활용해야 한다. 또한 이직을 하는 방식과 수단도 여러 가지이므로 다양한 경로를 활용해도 좋다. 헤드헌팅을 통하는 경우, 취업 관련 포털사이트에서 제공되는 이직 관리 서비스를 이용하는 경우, 개인적으로 알아보는 경우, 스카우트 제의를 받는 경우 등 이직 방법은 다양하니 자신에게 적합한 이직 방법을 찾고, 그 외 다양한 커뮤니티와 플랫폼을 찾는 일도 필요하다.

자기소개서, 경력기술서는 이렇게 쓰자

마음에 품고 있던 이직을 실현시키기로 결심했다면 우선 가장 기본인 서류 전형부터 준비해보자. 기본 이력서, 자기소개서 외에 이직을 위해서는 경력기술서가 필요하다. 이력서는 직무와 관련된 것 위주로 깔끔하고 보기 좋게 정리하며 그에 따른 상세한 프로젝트 내용은 뒷장인 경력기술서에 풀어 작성하면 된다.

경력자는 경력 업무와 관련해 어떤 역할을 수행했는지, 다룰 줄 아는 기술과 직무 관련 지식은 어느 정도인지를 궁금해하므로 자기소개서에는 기본적인 정보만 담고 경력기술서를 구체적이고 상세하게 기술하는 게 좋다. 그렇다고 자기소개서를 성의 없이 대충 써도 된다는 것은 아니다. 경력기술서보다 덜 중요하다는 말이지 아예 중요하지 않다는 말은 아니기 때문이다.

서류 제출 시 회사가 지정한 당사 양식을 제공하지 않고 자유롭게 제출하도록 되어 있는 경우에는 본인이 항목을 정해서 쓰면 된다. 이때 가장 중요한 지원 동기 및 입사 후 포부를 포함하여 성격 소개, 성과 및 성공 사례 등을 심플하게 선택해서 작성하면 된다. 특히 지원 동기가 중요한데 이전 회사에 대한 부정적인 이야기나 퇴사한 이유에 초점을 맞춰 작성하는 경우가 종종 있다. 지원 동기는 현재 지원하는 회사와 직무에 초점을 맞추어서 자신이 적합하고 기여할 수 있는 이유를 어필하는 것이어야 한다. 경력직으로서 현업과 실무에 대한 앞으로의 방향과 이뤄낼 수 있는 목표를 생각하며 추상적이지 않고 구체적으로 접근해야 유리하다.

경력기술서는 프로젝트나 담당 사업별로 구분하기도 하고, 또는 자신의 주요 역할을 카테고리별로 구분하기도 한다. 다양한 형식 중 자신이 원하는 것을 선택하여 작성하면 된다. 나의 경우 전 회사에서 고용노동부에서 진행되는 다양한 사업을 담당하였기에 사업별로 리스트를 만들었고 주요 업무, 역할, 이뤄낸 성과 수치화 등으로 정리하였다. 지원하는 회사의 채용 공고를 참고하여 강조하는 업무 역할, 원하는 능력 등을 확인한 후 자신의 경력기술서 역시 해당 내용이 반영되게끔 작성한다면 충분히 어필이 될 것이다. 더불어 포트폴리오를 따로 준비하는 것이 부담스럽다면 경력기술서의 연장선으로 외부에 공개하는 게 가능한 이미지를 추가적으로 첨부하여 시각적인 힘도 가져갈 수 있다.

면접은 진정성 있게, 피할 것은 피하자

아무래도 서류 전형보다 면접 전형을 부담스러워하는 경우가 많다. 머릿속으로만 생각하지 말고 나올 수 있는 예상 질문을 토대로 실제 답변하듯 연습해야 긴장하더라도 결국 입이 트일 것이다. 면접에는 해당 연차에 기대하는, 실무 관련 질문들이 주로 나올 것이므로 각 직무에 쓰이는 지식과 기술을 어필하되 자신의 실제 프로젝트 경험, 담당했던 역할들을 체계적으로 정리해야 전달하기에도 편하다.

앞서 강조했지만, 특히 경력자의 단골 질문 중 하나로 퇴사 사유를 빼놓을 수 없다. 면접관은 형식적으로 그 질문을 던지는 것일 수도 있지만 답변을 토대로 본인의 회사에 대입하여 생각할 수밖에 없다. 예를 들어 "상사와의 관계 등 인간관계가 힘들어서 퇴사했습니다"라고 말한다면 '어떤 조직이든 맞지 않는 사람은 있을 텐데 우리 회사에서도 그런 사람을 만난다면 퇴사하려나?'라는 생각으로 연결될 것이다. "업무량이 너무 많아 스트레스를 받았습니다"라는 답변도 마찬가지다.

요즘은 솔직하고 덤덤하게, 그러나 진정성 있게 답변하는 것이 좋으나 면접관 입장에서 생각해보며 피하고 주의해야 할 답변은 걸러보자. 이전 회사에 불가피한 사정이 있었다거나 비전과 성장이 막혀 있었다는 대답은 이해가 가는 부분이다. 단, 다소 진부한 대답이 될 수 있으므로 자신의 상황을 예시로 넣어 이야기를 완성해보자. 무엇보다 이야기의 초점을 이전 회사를 그만둔 것에만 맞추지 말고 현 회사와 현 직무에 대한 선택 이유, 앞으로의 바람이나 목표에 맞춰 답변하는 것이 필요하다.

자신의 가치를 높이는 수단

요즘은 이직이 잘 이루어질 수 있게 환경이 조성되어 있다고 해도 과언이 아니다. '사람인'이나 '잡코리아' 같은 취업 포털사이트에 이력서를 한 번이라도 등록해본 적이 있다면 나에게 맞는 이직 로드맵 카테고리가 자동으로 뜨거나 나의 이직 조건에 부합하는 추천 기업에 지원해볼 수 있도록 제안해주는 것을 본 적이 있을 것이다.

헤드헌터 또한 점점 늘어나고 기업의 평판을 조사해볼 수 있는 커뮤니티도 다양하므로 이직을 마음먹기만 한다면 얼마든지 다양한 정보를 파악할 수 있는 환경이 조성되어 있다고 봐야 한다. 물론 광범위한 정보 속에서 팩트 체크는 필수적으로 이뤄져야 한다는 점만큼은 명심하는 게 좋다.

이직을 잘하게 되면 자신의 가치를 계속 높여갈 수 있는 수단이 되어주기도 한다. 이직을 할 때마다 연봉이나 직급을 높여간다면 대다수는 다음 회사의 기준과 눈높이 역시 이보다 높아질 것이다.

또한 이직을 위해 자신을 업그레이드하기 위해서 블로그·SNS 관리, 글쓰기, 해당 분야에 대한 스크랩 활동 등을 접목해본다면 자신을 어필하는 수단으로 충분히 경쟁력을 갖춰갈 수 있다. 경력자는 스카우트 제안을 받는 경우도 있으므로 회사의 콘택트를 받기 위한 길을 열어놓는 것이다. 이런 경우 연봉, 직급, 업무 내용 등 회사와 조율해야 할 이직 조건에 대해 미리 가이드라인을 잡아놓자.

이직을 통해 새로운 산업을 접하게 될 수도 있고, 한 분야에서 중요한 역할을 넓혀갈 수도 있다. 어떤 것이든 성장하는 길로 잡아야 한다. 그래야 추후 지속적으로 새로운 영역을 확대하며 자신의 가치를 높여갈 수 있다.

4050, 인생 후반기를 맞이하는 방법

4050, 어떤 고민을 하는가?

나는 4050들을 대상으로 진로상담과 컨설팅을 자주 진행해왔다. 대표적으로 고용센터에서 진행되는 집단상담 프로그램에 참여한 분들과 국가 공인 자격증인 직업상담사를 취득하기 위해 강의를 수강한 분들을 만나왔다. 이분들에게는 진로, 은퇴 이후의 삶, 제2의 인생에서의 잡과 관련된 내용들을 중심으로 상담이 진행되었다. 그러다 보니 이분들이 갖고 있는 고민과 고충을 자연스럽게 많이 접하게 되었는데 4050의 진로에 대한 고민은 어떻게 보면 더욱 현실적이면서도 심도 있고 난이도가 높다는 것을 느낄 수 있었다.

특히 국비 지원 훈련기관에서 진행된, 직업상담사 자격증 취득 강의를 수강하는 분들은 새로운 직업을 위해 도전할 수 있는 자격증 분야를 고민하다 주변의 추천과 본인의 탐색으로 결정을 한 경우가 많았다. 자격증 취득을 위해 혼자 공부하는 것이 힘들다 보니 깊이 있게 내용을 배우고자 하였으며 상담 관련 분야에 종사했던 분들도 있었으나 주부, 경력이 단절된 분들, 아예 다른 분야에서 종사한 경력이 있는 분들도 많았다.

자격증 과정이 보통 단기적이지 않고 3~4개월 이상 진행되다 보니 힘들고 지치기도 하며 내용이 어렵고 외울 게 많아 그분들로부터 많이 들었던 이야기는 "젊은 사람도 힘든 공부인데 우린 오죽 힘들겠어요?"였다. 뒤늦게 새로운 것을 공부하는 것이 힘들고 단기간에 성과가 나오지 않아 걱정도 많이 되었으나 그만큼 더욱 간절하고 새로운 시작의 기회라고 여기며 끝까지 해내던 모습들이 아직도 눈에 선하다.

이분들이 진로와 관련하여 가장 고민하는 것은 두 가지였다. 첫 번째는 "자격증을 취득하면 이것이 취업에 실질적인 도움이 될까?" 하는 것이었고, 두 번째는 "취업을 하더라도 몇 년이나 더 할 수 있을까?" 하는 것이었다. 또한 보수와 같은 근무 환경이 적절할지, 새로운 환경과 분야에 잘 적응할 수 있을지 등의 고민도 있었다. 4050들이 갖고 있는 이러한 고민과 고충을 해소하기 위해 다양한 내용의 진로상담과

컨설팅을 진행함으로써 실질적인 도움과 방법을 제공하고자
노력해왔다.

상담은 어떻게 진행되는가?

중장년층을 위한 진로상담의 대표적인 사례는 고용센터에
서 진행되는 집단상담 프로그램 참여자들과의 만남이다. 이
때 오는 분들은 한 집안의 가장도 있었고, 주부로만 살아오다
자신의 직업을 갖고자 하는 분도 있었으며, 혹은 경력이 단절
되어 다시 재취업을 희망하는 분도 있었다. 기존에 하던 일
을 다시 희망하는 분도 있었으며, 아예 새로운 시작을 원하는
분도 있었다.

고용센터에서는 다양한 취업 역량 강화 프로그램이 존재
한다. 그중 내가 진행한 프로그램은 중장년층을 대상으로 한
'취업 희망 프로그램'이었다. 이 프로그램은 한 회당 4일로 구
성되어 총 24시간 동안 진행된다. 1일 차에는 자신을 이해하
기 위한 시간을 갖는다. 자신의 성격 유형을 파악하거나 삶
을 돌아보고 앞으로의 긍정적인 미래를 위해 필요한 요소를
그려본다. 2일 차에는 대인관계능력을 향상시키기 위한 활
동을 한다. 팀 활동을 통해 서로 소통하고, 타인과 대화할 때
의 자존감 높은 대화 방식을 이해할 수 있다. 3일 차에는 자

신의 특성을 살펴봄으로써 자신에게 맞는 직업을 탐색하고 정보를 찾아보는 방법을 배운다. 마지막으로 4일 차에는 구체적인 취업 준비 방법과 목표를 설계해보는 시간을 가진다.

10여 명의 사람들이 함께 모여 4일간 교육도 듣고 팀 활동도 하며 식사도 같이 하다 보니 끈끈한 유대관계와 정서적 지원을 받을 수 있다는 이점이 있다. 프로그램에 참여하게 된 목적은 새로운 시작의 기회를 위해 실질적으로 필요한 정보를 얻기 위해서였다. 그러나 막상 프로그램이 종료될 때의 소감에는 "정보도 물론 좋았지만, 마인드를 긍정적으로 바꾸고 자신감을 키우는 것이 얼마나 중요한지를 알게 되어 좋았다"라는 이야기가 많았다.

'4일의 기간은 다소 짧다'라고 느낄지도 모르겠다. '그 시간 동안 자신감을 키우는 것이 잘될까?'라는 의문도 있을 것이다. 하지만 시간의 양이 중요하기보다는 무엇보다 소중한 나 자신에 대해 생각해보는 시간 자체를 갖는 것이 의미 있는 것이다. 그 방법조차 막막하여 몰랐던 분들도 생각보다 많다. 자신이 아닌 타인(자녀, 배우자 등)을 생각하고 챙기느라 정작 스스로에 대해서는 무심했을 수 있다. 자신의 이야기를 집중해서 들어보고 그것을 함께하는 동료들과 나누며 그들로부터 응원의 메시지를 들었기에 이것이 새로운 희망이자 용기가 되어준 것이다.

내가 목격한 성공 사례

내가 취업 희망 프로그램을 집중적으로 진행한 것은 약 9년 전부터다. 그런데 최근 나는 놀라운 전화 한 통을 받게 되었다. '9년 전 당시 참여자'라고 밝힌 그녀는 그때 진행자의 역할을 한 내 모습을 보고 상담과 복지 쪽에 관심을 갖고 공부를 하게 되었다고 한다. 이후 상담 관련 자격증을 취득하고 몇 번의 계약직 업무 끝에 이직에 성공하여 현재 지자체 상담공무원 분야에 자리를 잡고 활동하고 있다. 갑자기 생각나서 연락했다는 그녀는 "9년 전 일이지만 그 당시 기억이 생생해요. 집단상담 프로그램을 통해 정보가 부족했던 것을 채울 수 있었던 것에 감사해요"라고 말하였다. 그녀의 사례를 통해 정보의 중요성이 얼마나 강한지를 느낄 수 있었다.

또한 지금껏 내게 가장 기억에 남는 참여자가 있다. 그분은 처음 참여할 때부터 표정이 어두웠고, 참여 활동 중 하나인 '인생 그래프 곡선'을 그리는 것을 통해 지금까지 얼마나 희생하며 살아왔는지 자신의 이야기를 처음으로 남에게 해보는 것이라고 하였다. 그리고 "이제는 정말 저의 길을 가고 싶어요"라고 말하였다. 프로그램이 종료될 때 "차근차근 제가 무엇을 좋아하고 잘하는지 생각하는 것부터 저에겐 매우 생소하고 낯선 것이었지만 자신감 향상과 마인드 메이킹에 힘썼기에 제2의 인생을 새롭게 시작하는 것이 가능했어요"라고 웃으며 말하였던 것이 기억에 선하다. 이제는 해야 해서 하는 것이 아닌 하고 싶은 일을 도전한다는 것 자체가 스스로에게 생기를 준다고 말이다.

직업상담사 자격증 취득 과정에서도 기억에 남는 사례가 있다. 그분은 경력은 없지만 나이가 있다는 것을 장점으로 가져갈 수 있는 방법을 생각하였다. '상담은 아무래도 조언을 듣고자 하는 내담자가 많기 때문에 오히려 자신보다 젊고 어린 상담사라면 불편함을 느낄 수도 있다'라고 생각하였고 '연령대가 비슷한 대상층을 상담할 수 있는 분야를 찾아야 한다'라고 생각하여 전직(轉職) 지원 분야로 전략을 구축하였다. 이에 상담사 분야의 경력은 적지만 지금까지의 커리어 경력은 다양하고 풍부하였으므로 그것을 기반으로 새로운 직업과 역할을 찾는 사람들에게 정보를 주고 사례를 이야기해주겠다는 목표를 세웠다. 이후 전직 지원 관련 정부의 사업을 공부하고 이해하며 지식과 경쟁력을 두루 갖춘 지원자로서 취업 시장에 뛰어들었다.

다양한 사례를 통해 현실적인 정보를 탐색하는 것이 필요하다는 것과 자신에게 맞는 방향과 전략을 구축해야 한다는 것을 이해할 수 있다. 무엇보다 새로운 시작에 대한 두려움과 막막함과 같은 부정적인 생각보다 '얼마든지 가능하다'라는 자신감과 마인드컨트롤이 필요하다는 것도 기억하자.

4050을 위한 현실적인 취업 준비

그렇다면 우리가 할 수 있는 현실적인 취업 준비 방법에는 무엇이 있을까? 그것을 네 가지로 정리해보고자 한다.

첫째, 기존의 경력과 경험을 기반으로 영역을 확장하자. 자신의 경력에서 파생될 수 있는 역할을 쭉 나열하여 찾아보는 것이다. 공식적인 회사 경력이 아니어도 괜찮다. 가정주부로만 살아온 이는 집안일에 능숙하여 정리수납 컨설턴트에 도전하기도 한다. 회사 이력이 있다면 자신이 해왔거나 알고 있는 지식 안에서 분야를 찾아보는 것이다.

둘째, 자신만의 타협점을 찾자. 퇴직 예정자를 대상으로 상담을 하게 되면 가장 어려우면서 한편으로는 이해가 가는 부분이 지금까지의 위치와 급여보다 낮아지는 새로운 선택을 해야 한다는 것에서 오는 불편함이다. 그러나 경력자, 회사의 고문 등의 역할을 맡는 것이 아닌 새로운 시작을 앞두고 있는 것이라면 현실적인 눈높이 조절도 필요하다. 포기할 수 있는 것과 포기하지 못하는 것을 분류해보자.

셋째, 정보가 힘이다. 알고 안 하는 것은 있어도 되지만, 모르고 못하는 경우는 없어야 한다. 정보에 열린 자세로 임하고 정보처를 넓혀야 한다. 인터넷, 스마트폰이 어렵고 낯설더라도 배워야 한다. 다양한 앱도 고려해보고 현직자 커뮤니티, 동영상 채널 등 정보처에 대해 넓게 생각하자. 정보는 최신의 것으로 늘 업데이트하는 자세도 중요하다.

넷째, 다양한 정부 지원의 도움을 받자. 고용노동부뿐 아니라 지자체에서는 중장년층을 대상으로 하는 정부 지원 사업이 많이 존재한다. '서울시50+, 중장년일자리희망센터, 고령자 인재은행' 등을 찾아보고 가까운 지역에 방문하여 도움을 받을 수도 있다. 또한 고용노동부에서 제공하는 〈한 권으로 통하는 고용노동 정책〉 자료를 찾아보면 중장년층을 대상으로 한 정책들이 한눈에 정리되어 있으니 참고해도 좋다.

자신에게 현재 필요한 것이 무엇인지 생각해보자. 단순 정보가 필요할 수도 있고 공식적인 기관이나 누군가로부터의 도움이 필요할 수도 있다. 새로운 시작을 위해 무엇을 준비해야 할지, 어떻게 방향을 잡아야 할지 고민해봐야 한다.

전직 지원의 확대

평균수명이 늘어나면서 '그럼 대체 몇 살까지 일해야 하는가?' 하고 생각하는 사람들이 많을 것이다. 현재 일에 대한 불안감이나 나이가 들었을 때 현실적으로 가능한 일 등 여러 요소를 생각하며 말이다. '지금 내 나이를 생각하면 늦었어', '무언가를 새롭게 시작하기엔 두려워'라고 생각하는 사람들도 많을 것이다. 그것은 어떻게 보면 중장년층뿐 아니라 20~30대에서도 겪을 수 있는 감정이다.

전직 지원과 관련된 정부 지원 사업은 지속적으로 확대될 것이다. 퇴직을 앞두고 새로운 역할을 찾아야 하는 경우가 많으며 고령화로 인해 일할 수 있는 연령대는 계속 높아질 테니 말이다. 늦었다고 생각하지 말고 얼마든지 새로운·시작과 역할을 찾을 수 있는 시기라는 것을 강하게 믿어야 한다. 현실적인 준비 방법과 정보를 탐색하며 자신의 길을 새롭게 열어가는 자세가 필요하다. 그렇다면 얼마든지 성공 사례는 내 것이 될 수 있다.

MULTI
JOB

5장

성공한
멀티잡 홀더들

단톡방에서
나온 고수들

단톡방의 필요성

요즘 많은 사람들이 한두 개 이상의 단톡방에 속해 있거나 적극적으로 활동하며 참여하고 있다. 해당 주제에 관심이 있는 여러 사람들이 모여 대화를 나누거나 정보를 교류하며 길게는 몇 년 이상 지속되고 있는 경우도 많다. 단톡방의 유형도 매우 다양하다. 친목을 위한 방, 취미생활을 공유하는 방, 재테크 관련 방, 취업 관련 방, 해당 직무 분야의 방 등이 있다. 나 역시 다양한 단톡방에서 활동하고 있다. 예컨대 강사들 모임 방, 친목 방, 대학원 동기 방, 재테크 관련 방, 업무 관련 방, 퍼스널 브랜딩 관련 방 등에 속해 있다.

단톡방에 입장하려면 오픈 채팅방에 직접 관련 단어를 검

색하고 입장하는 경우도 있고 주변 지인들의 추천을 통해 단
톡방의 코드번호를 부여받아 입장하기도 한다. 온라인 카페,
네이버 밴드 등 다른 커뮤니티도 많이 존재하나 아무래도 단
톡방은 정보 공유와 소통, 활동이 좀 더 빠르게 이뤄지고 있
어 선호하는 편이다. 단톡방을 선택하는 기준은 사람마다 다
를 것이다. 나 같은 경우 인원의 규모를 중요한 기준으로 삼
는다. 소수로 모여 끈끈한 유대관계 속에서 운영되는 것도
좋으나 단톡방을 이용하는 목적이 정보 공유이다 보니 좀 더
큰 규모를 선호하는 편이다.

방의 주제에 따라 운영되는 방식이나 스타일이 매우 다양
하다. 어떤 방에서는 소통을 위해 일상의 대화와 오프라인
모임이 자주 형성되기도 하고 어떤 방은 매일매일 새로운 기
사와 소식을 업데이트하며 방의 활력을 유지한다. 또한 강좌
나 교육이 정기적으로 개설되는 곳, 해당 주제에 대해 파생되
는 하위 방을 유지하며 관리하는 곳 등 다양하다.

필요한 정보가 있다면 단톡방에 참여하기를 적극 권장한
다. 그 안에서 얻게 되는 소식과 정보는 생각 이상으로 자신
에게 도움이 될 것이다. 먼저 그 길을 나아가고 있는 고수들
이 멋진 코치가 되어주기도 하므로 다양한 사례를 직접 보고
들으며 접할 수 있다. 매일 꾸준하게 정보를 얻지 못하더라
도 간헐적으로 얻게 되는 정보에서도 자신에게 도움이 되는

것은 반드시 존재한다.

단톡방은 어떻게 운영되는가?

내가 가장 최근에 들어간 단톡방의 콘셉트는 재테크와 관련된 것이다. 1,000명에 가까운 인원이 모여 있는 것에 꽤 놀라기도 하였다. 그 방을 주축으로 세부 분야를 나누어서 하위 단톡방이 따로 존재하는 형식인데 하위 단톡방 역시 200명에 가까운 사람들이 모여 있다. 그만큼 자신의 본업 외에 수익을 내기 위한 재테크 활동에 관심을 갖는 사람들이 상당히 많다는 것을 느낄 수 있었다.

단톡방을 통해 경제와 관련된 소식을 주고받고 초보자가 궁금한 점을 질문하면 고수나 전문가가 아는 선에서 빠른 답변을 준다. 모임도 주기적으로 운영되어 정보만 얻고 끝나는 것이 아니라 스스로 직접 재테크 관련 활동을 경험해볼 수 있는 기회도 있다. 월별 기초 또는 심화 강의의 스케줄이 공지 사항에 등록되고 진행하는 전문가들의 이력이 공개된다. 변호사 출신, 각 기업의 대표 출신 등 해당 분야에 빠삭한 정보를 갖고 있는 사람들이 운영하는 강의이니 신뢰가 갈 수밖에 없다.

현재 나는 하위 세부 모임 중에서는 SNS 등의 퍼스널 브랜딩 관련 방에 들어가 있다. 이 방 역시 운영 방식은 비슷하다. 매월 강좌가 오픈되고 신청을 받고 주기적인 모임을 가지며 정보를 공유한다. 이 방은 바로바로 자신의 SNS로 적용시켜 볼 수 있기 때문에 실질적인 팁 공유가 더욱 활발하게 이루어지고 있다.

강사 관련 방은 강사 섭외 글을 올리는 것이 중심이다. 강사가 강의를 찾는 것처럼 해당 기업과 기관은 괜찮은 강사를 섭외하는 것이 중요하므로 서로가 윈윈(Win-Win)할 수 있다. 강사들에게 도움이 될 만한 교육과정도 물론 올라온다. 이렇게 단톡방은 점차 필요한 정보를 쏙쏙 얻는, 접근성이 좋은 교류의 장으로 성장하고 있다.

어떤 고수들이 있는가?

단톡방에서 활동하는 사람들은 본업 외에 자신의 새로운 분야를 물색하여 가장 관심 있는 활동부터 차근차근 시작한다. 처음 입문하는 입장에서 방법과 팁을 배우기 위해 질문을 던지고 그런 입문자를 위해 고수들은 여러 정보를 공유하고 사례를 들려준다. 직접 세부적인 것을 문의하면 멘토와 코치의 역할까지 더불어 해주는 것이다. 공식적인 교육과정을 운영하는 것이 아니더라도 질문과 답변의 빠른 교류가 원활하게 이루어지는 것이 단톡방의 장점일 것이다.

단톡방 역시 하나의 기회의 장으로 볼 수 있다. 실질적인 정보를 얻는 것뿐 아니라 관련 분야의 선배들과 함께 인적 네트워크를 형성할 수 있고 자신의 현황을 객관적으로 점검받고 또 다른 도움이 필요한 사람들에게 어느 순간엔 정보를 주는 입장이 되며 선순환이 이어지는 것이다.

내가 활동하고 있는 SNS 퍼스널 브랜딩 방에서는 한 블로그 입문자가 이런 질문을 던졌다. "메인 화면에 보이는 카테고리 메뉴 관리, 어떤 방식이 더 유리할까요?" 나 역시 블로그를 처음 시작할 때 '어떻게 보이는 게 더 좋을까? 번잡스러워 보이지 않았으면 좋겠는데' 하는 고민을 했었기 때문에 이 질문이 와닿았다. 블로그 고수는 각 메뉴 관리 방법의 특징과 어떤 유형의 블로그일 때 어울리는지를 각각 설명해주었다. 더불어 맞춤법 검사기 등 블로그의 다른 기능까지 팁으로 소개했다.

어떤 날은 블로그 포스팅으로 직접 수익을 낼 수 있는 이야기와 체험단으로 활동하기 위해 필요한 신청 사이트에 대한 정보도 서로 공유하며 각 체험단의 특징도 소개했다. 블로그 상위 노출을 위해 알아야 하는 필수적인 팁도 제공함으로써 블로그 초보자들에게 희망과도 같은 정보를 전달하는 것이다.

좀 더 구체적인 것으로는 SNS 유입률에 대한 목표 달성 현황을 공유하며 엑셀 시트로 관리하는 방법을 알려주기도 하고, 유튜브를 위해 필요한 마이크 등 장비를 추천하기도 한다. 사진을 잘 찍는 방법, 포토샵 방법, 영상을 편집하는 방법 등을 알려주거나 자신의 영상에 문제가 있어 질문을 올리면 고수들이 여러 원인을 분석해서 알려주기도 한다. 도움이 되는 책이나 크리에이터 관련 기사를 공유하고, 여러 채널 이름 후보 중 어떤 것이 좋은지 투표를 하기도 한다.

  심도 있는 정보 공유로는 실제 수익을 내기 위한 방법과 콘텐츠화시키는 방법, 유튜브 콘셉트를 기획하는 방법도 알려준다. 이런 공유의 내용은 정기적으로 운영되는 강좌에서가 아닌 일상에서 단톡방 내 이루어지는 이야기들이다. 고수들은 예시를 보여주며 초보자들의 이해를 도움으로써 적극적으로 알려주고 설명한다. 내가 궁금한 것을 직접 구체적으로 질문하고 활동할수록 스스로 얻어 가는 것이 많을 것이다. 혹은 나와 비슷한 궁금증을 갖고 있는 다른 사람들과 공감할 수도 있고 그들 덕에 공부를 하기도 한다.

  여러 분야에는 그만큼 다양한 이들의 전문가들이 있다. 그 분야의 고수가 되려면 고수들이 모여 있는 곳에 나도 함께 어울려야 한다. 그래야 조금이라도 성장하고 얻을 수 있는 기회가 주어질 것이다.

단톡방을 통해 내가 얻은 것

단톡방 활동을 통해 여러 고수들을 만나고 나와 관심 분야가 같은 사람들의 활동 모습을 보며 나 역시 얻을 수 있는 것이 많았다. 크게 세 가지로 정리하자면 다음과 같다.

첫째, 나를 움직이게 하는 자극이 되었다. 단톡방에서 질문을 던지는 사람들, 답변하는 사람들 모두 새로운 분야에서 열심히 행동하며 성과를 내는 모습을 보여주었다. 가끔 스스로 나태해졌다 느껴질 때 단톡방 사람들의 모습은 나를 움직이게 하는 자극이 되어주었다.

둘째, 실질적으로 필요한 다양한 정보를 얻었다. 단톡방 활동의 가장 주된 목적이 '정보'인 만큼 얻게 되는 경험담과 이야기들이 많이 있다. 내가 직접 질문을 던지지 않더라도 그 안에서 올라온 내용을 차근차근 읽어보면 도움이 되는 것이 분명히 있다. 또한 구체적인 내용의 지식이나 교육과정을 통해 새로운 분야를 도전하고 실현하는 데 필요한 실질적인 소스를 얻을 수 있다.

셋째, 공감대가 형성되었다. 단톡방마다 메인 키워드의 주제가 있는 만큼 그 분야에 관심을 갖고 있는 많은 사람들이 모여 같은 고민을 한다. '나만 갖고 있는 고민이 아니구나'라고 느끼며 서로 공감하고 위로가 되어주는 것이다. 다양한 사례를 서로 공유하기에 추후 발생할 수 있는 문제에 대응하는 능력도 키울 수 있다.

　멀티잡을 실현하기 위한 다양한 채널과 수단이 많이 있다. 그중 접근성과 빠른 속도, 생동감 있는 실질적인 대화를 원한다면 다양한 단톡방의 고수들을 만나보며 그들의 이야기를 직접 들어보는 것이 좋다. 먼저 경험한 선배들의 이야기, 함께 같은 고민을 갖고 있는 동료들의 이야기, 그리고 언젠간 스스로 조언을 해줄 수 있는 고수가 되는 성장 이야기까지 정보와 소통의 장에서 우린 분명히 얻는 것이 있다. 멀티잡을 갖추려면 우린 고수가 되어야 한다. 여러 고수들의 모습을 본보기삼아 자신에게 긍정적인 영향을 끼침으로써 앞으로 실현시켜나갈 방향성을 잡아보자.

강태공에서 비즈니스를
낚는 어부로

S 씨의 새로운 취미생활, 낚시

직장인 S 씨를 처음 만났을 때 그녀는 귀금속 도매 업체에 다니고 있었다. 평소 귀금속에 관심이 있었던 것은 아니나 우연치 않은 계기로 일을 시작하게 되었다고 했다. 휴무일도 많이 없고 근무 환경에서 도난 등 주의해야 할 것도 많아 스트레스를 심하게 받을 때도 있었으나 워낙 묵묵하고 끈기 있는 스타일이라 어느새 5년 이상 종사하게 되었다.

그녀는 업무의 스트레스를 취미활동을 통해 해소하였다. 책을 읽는 것도 좋아했고 해마다 영화제를 방문할 정도로 영화에 대한 애정도 많았다. 보드게임을 하거나 등산을 하는 등 평소 '취미 부자'라는 별명이 있을 정도였다. 취미생활을 하며 다양한 사람을 만나는 것도 좋았고, 새로운 무언가를 시도함으로써 얻게 되는 설렘에서 삶의 활력을 느낄 수 있었다고 했다.

그런 그녀는 친한 언니로부터 함께 낚시를 해보는 것이 어떠냐는 권유를 받았다. 권유를 받았던 당시는 생각이 너무 많아 무언가에 집중하는 것이 힘들었고 일로 인해서 우울감과 무력감을 느끼고 있었던 때였다. 그래서 '낚시를 통해 그런 생각들을 잠시라도 멈출 수 있겠구나' 하는 생각에 언니의 제안에 응하게 되었다. 다양한 장비와 용품을 구입했고 처음 해보는 것이라 이것저것 준비할 것이 많았으나 그런 하나하나가 그녀에게는 모두 큰 설렘이 되었다.

낚시를 하며 '어떻게 하면 많이 잡을 수 있을까?'라는 한 가지 생각에만 집중하다 보니 스트레스를 주었던 부정적인 생각들을 자연스럽게 떨쳐낼 수 있었다. 때로는 바다를 보며 아무 생각도 하지 않고 넋을 놓는 것 역시 마음을 여유롭고 편안하게 해주는 효과가 있었다. 그녀는 자연스럽게 낚시에 온전히 빠져들게 되었다.

이후 그녀는 다른 취미생활은 잠시 접어두고 오로지 낚시에만 집중하였다. 날씨에 문제가 없는 한 거의 매주 주말만 되면 낚시를 하러 갔고 점점 장비와 용품도 업그레이드하며 전문가가 된 것이었다.

좋아하는 일을 직업으로 만들다

주말에 낚시로 스트레스를 해소한다 해도 정작 평일에 다시 근무를 하면 스트레스가 심해질 수밖에 없었다. 자신과 지나치게 맞지 않는 업무 환경에 있으니 불가피한 상황인 것이었다. 결국 S 씨는 퇴사를 결심하게 되었고 이직할 수 있는 회사들을 알아보며 생각을 새롭게 하였다. '지금까지 나와 맞지 않는 업을 가졌기에 억지로 맞춰가며 일을 하여 심하게 스트레스를 받았으니 이번엔 내가 좋아하는 일을 시도해보자'라고 생각했다.

혹자는 이렇게 말한다. "좋아하는 일과 직업은 달라야 한다. 좋아하는 일은 취미로 해야 한다." 좋아하는 일이 직업이 되면 오히려 그 좋아하는 것마저 잃게 될 수 있다는 것이다. S 씨도 이런 걱정은 하였지만 자신의 취미를 잃지 않으며 직업으로의 만족감을 높이기 위해 감당해야 하는 부분, 취미가 비즈니스가 되었을 때 이루고자 하는 목표치 등을 구체적으로 수립하였다.

채용 공고 검색어에 '낚시'라는 단어를 검색하는 것만으로도 설렘을 느꼈다. 낚시 계열 안에서도 채용 분야는 다양했기에 우선시하는 것과 가장 꺼려하는 것을 따로 분류하며 지원서를 제출하기 시작하였다. '취미'의 장점 중 하나는, 하고 싶어서 하기에 관련 지식이나 이해도가 더욱 자연스럽게 습득

된다는 것이다. S 씨는 그동안 취미로 해온 낚시에 대한 이해도, 고객으로서 느꼈던 장비와 용품에 대한 장단점을 분석하여 어필하는 것을 강점으로 입사지원서와 면접을 준비했다.

　몇 번의 시행착오 끝에 그녀는 낚시 장비 기업에 입사하게 되었고 전반적인 관리 업무를 담당하게 되었다. 그녀는 "예전에는 일을 하며 뚜렷한 미래를 그리기보다는 단순 생계용으로 접근했는데, 지금은 이 회사 안에서 올라가고 싶은 위치가 명확해지고 회사에 대한 애사심이 가득해요"라고 말했다. 처음으로 일을 함에 있어 즐거운 에너지를 쌓을 수 있게 된 것이다.

취미와 관심사가 직업이 되었을 때

　취미와 관심사가 직업이 된다면 장단점이 있을 것이다. 우선 장점은 업무에 대한 이해도가 높다는 것과 이미 알고 있거나 좋아하는 분야이기에 빠른 습득력을 보일 수 있다는 점일 것이다. S 씨는 여기에 덧붙여 "기존 구성원들과 낚시 이야기로 대화를 하며 소통이 더욱 원활히 이루어질 수 있었고 이는 조직에 적응하는 데에 있어서도 큰 도움이 되었어요"라고 말했다. 또한 대부분의 시간을 우리는 직장에서 보내게 되므로 자신이 좋아하는 일을 하면서 즐겁게 커리어 목표를 설계해나갈 수 있다는 것 자체도 매우 의미가 있다.

물론 단점도 있다. S 씨의 취미인 낚시의 경우 소위 '낚시철'이라고 말하는 집중 시기가 있다. 취미로 할 때에는 그 시기를 온전히 즐길 수 있었으나 직업이 됨으로써 가장 바쁜 시기가 되어 버리니 취미였던 낚시를 온전히 즐길 시간이 사라지게 되었다. 어떻게 보면 자신의 취미생활을 잃게 되는 것이므로 가장 큰 단점인 것이다. 그리고 취미로 즐길 때는 가볍고 즐겁게 접근할 수 있었지만, 일로 접근하다 보니 더 깊이 있는 부분들을 접하게 되며 취미생활로 하는 것조차도 싫어지는 경우도 종종 있다.

그렇기 때문에 자신의 취미생활을 일로 가져갈 때에는 자신만의 기준이 필요하다. 생길 수 있는 각각의 장단점을 사전에 인정하고 취미를 잃게 되는 것에 대한 대안으로 새로운 취미생활이나 스트레스 관리를 위한 방안을 마련해놓아야 한다. 뿐만 아니라 직업이 되었다는 것은 취미로 접근했던 것과 시선이 달라지는 것을 의미한다. 좋아하는 것을 살리되 이를 위해 앞으로 그려볼 수 있는 미래를 현실적이면서 명확하게 설계해놓는다면 그것을 추진해나가는 데 강한 원동력이 되어줄 것이다.

커리어를 대하는 마인드가 바뀌는 즐거움

물론 '일과 취미의 구분이 필요하다'라는 점에서 감수하고 고려해야 할 사항들도 많이 있을 것이다. 그러나 자신에게 맞지 않는 업무 때문에 스트레스를 받아가며 지금의 경력을 고집하는 것보다는 때로는 관심 있는 분야로의 새로운 도전이 중요하게 작용되기도 한다. S 씨는 "커리어를 대하는 저의 마인드가 변화한 것이 취미를 직업으로 가져갔을 때의 가장 큰 장점이에요. 일에 대한 생기와 활력을 찾고 직업에서의 명확하고 구체적인 미래를 설계해나가는 저의 모습에서 일의 즐거움을 느낄 수 있어요"라고 말했다.

진로에 대해 고민하고 있거나 새로운 출발을 해야 하는 상황에 놓여 있다면 한 번쯤 자신의 취미나 관심사를 직업으로 가져갔을 때의 이점에 대해서도 생각해보자. 취미생활로 했을 때의 애정과 관심, 적극적인 자세를 기반으로 직업을 대한다면 그것이 또 하나의 경쟁력이 될 것이다. 명확한 지원 동기와 포부를 어필할 수 있는 지원자로서 말이다.

S 씨는 경험에 대한 개방성을 갖추고 있었기에 새로운 취미로서의 접근이 가능했으며 이직 시기의 타이밍도 적절히 이루어지면서 또 하나의 새로운 출발과 기회를 잡게 되었다. 또한 무작정 '좋아하는 일이니까 괜찮을 거야'라는 접근이 아닌 '분명히 장단점이 다 있을 거야' 하며 인정하고 수용하는

모습을 보였다. 그랬기에 커리어에 대한 마인드를 변화시키며 긍정적인 결과가 나올 수 있었던 것이다. 어떤 기준이 되었든 자신의 직업으로 가져갈 때에는 그만큼의 현실적인 전략이 필요하다는 사실을 우리는 받아들여야 한다.

못생긴 이모티콘으로
수익을 내다

이모티콘에 열광하는 이유

카카오톡과 같은 메신저를 이용하는 사람이라면 대화를 할 때 한 번쯤은 이모티콘을 사용해봤을 것이다. 무료로 제공되는 것 외에도 자신의 취향을 반영한 이모티콘을 따로 구입하기도 하며 선물을 주고받기도 한다. 요즘은 일일이 구입하지 않더라도 매달 일정 금액을 지불하고 모든 이모티콘을 무제한으로 이용할 수 있는 서비스도 있다. 이모티콘의 유형은 점점 다양해지고 사람들의 이용률 역시 지속적으로 높아지고 있다. 가격이 저렴하다 보니 이모티콘을 구입하는 것에 부담을 크게 갖지도 않는다.

그렇다면 사람들은 왜 이렇게 이모티콘에 열광할까? 때로는 대화나 긴 설명 없이 이모티콘 하나로 전달되는 힘이 오히려 강할 때가 있다. 할 말이 없을 때 말 대신 이모티콘을 적절히 사용하는 것이 도움이 되며, 재미있고 센스 있는 이모티콘 하나로 다른 사람들에게 웃음을 전달하기도 한다. 이모티콘의 표정이나 멘트도 점점 기발해져 때로는 글보다 이모티콘이 훨씬 내 감정이나 상태를 효과적으로 전달해주는 느낌도 든다.

요즘 이모티콘은 하나의 트렌드로 자리 잡으며 점점 개성이 강한 여러 유형이 출시되고 있다. 이모티콘 카테고리에 들어가면 수많은 신상 이모티콘이 새롭게 출시되고 있는 것을 볼 수 있으며, 연령별 인기 이모티콘을 확인할 수 있다. 혹은 귀여운 버전, 재밌는 버전, 동물 버전 등의 스타일이 구분되어 있어 자신이 좋아하는 것을 다양하게 선택할 수 있다. 그림체가 다양하고 콘셉트와 스타일도 매우 다채롭다. 그만큼 '이모티콘을 만드는 작가들 역시 수많은 사람들이 있구나' 하고 느낄 수 있다. 그들은 왜 이모티콘을 만들게 되었고 그것으로 수익을 낼 수 있게 된 것일까?

예쁜 이모티콘만 인기 있는 것은 아니다

여기서 중요한 포인트는 이모티콘의 퀄리티다. '이모티콘

을 만드는 작가는 기본적으로 그림 실력을 갖추고 있을 거야'
라는 생각에 나오는 별개의 세상이라고 여기는 경우가 많다.
나 역시 처음에는 그랬다.

그러나 요즘 판매되고 있는 이모티콘을 쭉 훑어보면 꼭 그
렇지만은 않다는 걸 알 수 있다. 물론 누가 봐도 우수하고 화
려한 색채와 그림 실력을 갖춘 이모티콘들도 많이 있다. 그
러나 못생기고 못 그렸지만, 혹은 그림에 쓰인 색과 선의 개
수가 많지 않음에도 개성을 잘 살린 이모티콘들이 인기 순위
상위권에 있는 것을 자주 볼 수 있다.

못생긴 이모티콘이 왜 인기가 있을까? 요즘의 유행어를 적
절히 활용할 수 있도록 트렌드를 파악하는 것, 웃긴 표정을
그릴 수 있는 센스를 갖춘 것, 자신만의 콘셉트를 확실하게
잡는 것 등의 강점이 반영된다면 오히려 못생긴 이모티콘은
사람들에게 많은 사랑을 받으며 인기 있는 이모티콘이 된다.

나 역시 이모티콘을 구입할 때 전형적으로 잘 그린 이모
티콘에는 눈이 가질 않는다. 이모티콘을 구입하는 기준은 예
쁜 그림이 아니기 때문이다. 조금 더 독특하거나 개성이 강한
것, 혹은 웃긴 것과 활용도가 높은 것 등을 기준으로 삼는다.
누구는 아기자기하고 귀여운 것이 기준이 될 것이고, 누군가
는 무조건 웃긴 것이 기준이 될 수도 있다. 사람마다 각자 기
준이 천차만별 다른 것이 이 시장의 특색이다. 그렇기 때문에

이모티콘 작가로 도전하는 사람들이 점차 많아지고 있는 것이 아닐까? 미술을 전공하거나 정식으로 그림을 배우지 않더라도 자신의 개성과 센스를 살려 '세컨드 잡(Second Job)'으로 수익을 낼 수 있는 기회를 노리는 사람들이 많을 테니 말이다. 그렇다고 해서 "이 과정이 쉽다"라고 말하는 것은 절대 아니다. 다만 "멀티잡을 위해 새로운 기회를 잡고 도전할 수 있는 방향이 얼마든지 열려 있다"라는 것을 제시하고 싶다.

어떻게 수익을 낼 것인가?

이모티콘 작가를 일종의 부업으로 삼으며 본업 못지않게 수익을 내고 있는 사람들이 여럿 있다. 그들의 비결은 무엇이었을까?

나 역시 뛰어난 그림 실력을 갖추진 않았으나 '언젠간 소소하게 그림을 배워보고 싶다' 하는 욕구가 있었다. 오프라인 화실을 다니며 취미로 그림을 배우는 경우도 있었으나 '이왕 배우는 거 취미로 수익을 내보자' 하는 욕구가 있었기에 당시 선택한 것은 클래스101이었다. '클래스101, 숨고, 탈잉' 등은 내가 배우고 싶은 수업, 과정 등을 멘토나 전문가로부터 배울 수 있는 기회를 제공하는 플랫폼이다. 이를 반대로 생각해보면 내가 자신 있는 분야의 멘토로서 해당 사이트에서 강좌를 개설하거나 멘티에게 도움을 줄 수도 있다는 의미가 된다.

　나는 클래스101에 있는 다양한 강좌를 구경하며 '관심이 가는 수업에는 무엇이 있을까?' 하며 가벼운 마음으로 훑어보았다. 그때 나의 흥미를 끈 것이 이모티콘 관련 강좌들이었다. 현업의 이모티콘 작가들이 알려주는 초보자 입문부터 수익을 내기 위한 다양한 노하우까지 수준에 맞는 여러 강좌들이 있었다.

　입문자라면 누구나 공통적으로 궁금한 점이나 어려운 점이 있을 것이다. 캐릭터는 어떻게 만드는지, 그림은 어떻게 그리는지, 정작 만들어놓고 썩히는 경우도 많이 있을 텐데 실제 수익은 어떻게 내는지 등 여러 가지 궁금증이 있을 것이다. 아무리 이모티콘에는 뛰어난 그림 실력보다 개성이 중요하다고 해도 나름 그 안에서 기준은 있으니까 말이다. 강좌마다, 그리고 강좌를 운영하는 작가마다 커리큘럼이 다르고 운영 기간이 다르다. 상세한 내용이나 수준, 피드백을 해주는 작가의 스타일도 다 다를 것이다. 꼼꼼하게 자신에게 맞는 강좌를 선택하고 본업을 수행하며 틈틈이 실력을 쌓아나간다면 수익을 낼 수 있는 수준까지 올라갈 수 있다.

　누구에게나 '처음'은 있다. 다행히 요즘은 그런 입문자를 위한 방향을 제시해주는 사이트들이 많이 있으므로 시작을 두려워하지 말고 자신에게 맞는 콘텐츠를 선택해보자. 본업은 아니지만 실력을 쌓아나간다면 실제 수익을 내는 멀티잡의 모습을 갖추게 될 것이다. 그러다 보면 본업 못지않은 부업의 활약이 있을지도 모를 일이다.

부업으로 소득을 내는 성공 요인은 무엇인가?

꼭 이모티콘 분야가 아니더라도 가볍게 시작할 수 있고 관심이 가는 자신의 분야를 찾아보자. 물론 부업이 기대만큼 수익을 내지 못하는 경우도 있을 것이다. 그러나 '두 번째 월급'이란 말이 있는 것처럼 본업보다 더 주된 수익을 내는 경우도 있다. 그들이 그런 수익을 낼 수 있는 비결을 우리는 생각해볼 필요가 있다. 나는 그러한 비결을 세 가지로 말해보고자 한다.

첫째, 자신의 관심 분야를 명확히 선정해야 한다. 결국 처음 접하는 시장은 배우고 익혀가야 하기 때문에 스스로 지치는 상황이 찾아오면 안 된다. 본업의 업무에 잘 임하며 추가로 강좌를 듣고 실습과 과제도 수행하며 결국 결과물을 만들어내야 한다. 작업에 필요한 준비물이 고가의 가격일 수도 있다. 관심이 가고 좋아하는 영역이 아니라면 결과물을 내기까지 완수해낼지도 의문이다. 그러니 자신의 관심 분야를 명확히 하자.

둘째, 트렌드에 관심을 가져야 한다. 이모티콘뿐 아니라 여러 분야에서 트렌드는 존재하고 그것은 늘 변화한다. 신조어가 생기고 사라지기를 반복하는 것처럼 말이다. 어떤 유행이 있는지, 어떤 것에 사람들이 관심을 갖고 좋아하는지를 알아야 고객의 니즈가 충족되는 결과물이 나올 수 있을 것이다.

셋째, 현실적으로 수익을 내야 한다는 것을 인지해야 한다. 단순히 취미활동이 아니라는 것을 기억하고 마음가짐을 달리해보자. 수익을 내는 과정을 고려하고 직접적인 결과물을 검토하며 적극적으로 임해야 할 것이다.

나만의 이모티콘이 완성되고 사람들이 결제하여 그것을 이용한다 생각해보자. 이런 실력을 인정받아 추후 클래스 101과 같은 곳에서 스스로 강좌를 개설하고 운영할 수도 있다. 이처럼 부업의 영역을 적극적으로 활용하기 위해서는 자신의 개성을 활용할 수 있는 분야를 명확히 잡고 배움의 기회를 적극적으로 활용해야 할 것이다.

세컨드 잡으로
도전한 뷰티 숍

마인드 컨트롤을 도와주는 본업

건설업에서 근무 중인 김 과장은 2년 전부터 '언제까지 이 회사에서 미래를 그릴 수 있을까? 노후 대비는 어떡하지?' 하는 생각을 하게 되었다. 직장인이라면 이러한 생각을 한 번쯤 해봤을 것이다. 나 역시 회사에 소속되어 근무할 때 많은 고민을 하였다. 연봉, 전망과 비전 등에 대한 고민이었다. '취업 컨설턴트로서 다른 이들의 진로상담을 해주면서 정작 나의 진로는 어떻게 하나?' 하는 고민은 가끔 나를 힘들게 하는 이유였다.

김 과장은 '지금처럼 막연하게 고민만 하고 있는 것은 결국 발전 없이 같은 상황에 머무르게 할 뿐이다'라고 생각했다. 그리고 실제 자신이 걱정하는 바를 해결하기 위한 방법에는 무엇이 있을지에 집중했다. 현실적으로 가능한 선에서 실제 실행할 수 있는 세컨드 잡을 구체적으로 고민하게 된 것이다.

단, 조건을 붙였다. 세컨드 잡에서 자리를 잡기까지 본업은 꼭 유지하겠다는 것이었다. 이직이나 전직을 할 때 대안을 마련해놓지 않은 채 무작정 본업을 그만두고 포기하는 경우가 종종 있다. 김 과장은 그런 사례에서 후회하는 경우를 많이 봐왔기에 세컨드 잡을 본격적으로 시작하더라도 완전히 자리 잡을 때까지 본업을 절대 무시하지 않는다는 조건을 스스로 만들었다.

김 과장은 현실적이고 구체적인 계획과 추진 가능한 대안을 선택한 것이 후회 없는 선택이었음을 강조했다. 또한 본업으로 인한 안정적이고 고정적인 수익이 세컨드 잡을 실현시킬 때 마인드 컨트롤을 도와주고 집중할 수 있게 하는 원천이라고 강조했다.

김 과장의 선택, 뷰티 숍

김 과장은 현재 평일에는 건설업에서 근무하고 주말에는 자신의 뷰티 숍을 운영하며 탄탄히 자리를 잡아가고 있다.

많은 여성들의 관심사인 눈썹 문신, 속눈썹 펌, 왁싱 등을 할 수 있는 곳이다. 그렇다면 그녀가 많은 분야 중에서도 뷰티 숍을 세컨드 잡으로 선택한 이유는 무엇일까? 잡을 선택하는 기준은 사람마다 다양하다. 누구는 전공을 살려서, 누구는 취미를 살려서, 누구는 경험을 살려서 등 말이다. 김 과장은 "주변 사람의 영향이 그 기준이었어요"라고 말한다.

김 과장에게는 사이가 좋은 친여동생이 있는데 둘은 서로의 고민까지도 터놓고 말하는 사이였다. 그 여동생은 당시 뷰티 숍에 직원으로 근무하며 경력을 쌓아가고 있는 상황이었고 미래에 자신의 숍을 운영할 계획이 있었다. 그랬기에 뷰티 숍이 어떤 환경인지, 어떤 고객의 유형이 있고 어려움이 있는지 등 다양한 이야기를 들려주었다.

결국 여동생은 김 과장에게 함께 뷰티 숍을 운영해보자는 제안을 하게 된다. 섬세한 성격, 낯선 사람과도 잘 소통하는 친화력, 뷰티에 대한 다양한 관심 등을 갖고 있다는 것을 알고 있었기에 그 분야에서 잘 성장할 수 있을 것이라 생각하고 추천한 것이었다. 게다가 여동생은 이미 실무에 능한 실력과 경력을 보유하고 있었으므로 초보자인 김 과장이 자리를 잡는 것을 도와줄 수 있었다. 동생 역시 혼자 운영하는 것보다 서로 스케줄 관리도 해가며 도와줄 수 있으니 윈윈할 수 있을 것이라 생각한 것이었다. 뷰티 숍 운영에 필요한 기본적인 준비 과정과 자격 요건을 구체적으로 들어보며 그녀는 세컨드 잡을 위한 도전을 본격적으로 다짐했다.

세컨드 잡의 준비 과정

뷰티 숍 운영이라는 목표를 가진 김 과장이 가장 먼저 한 일은 무엇이었을까? 동생의 이야기만 들어봤지 한 번도 실무를 배워본 적이 없으므로 기술을 배울 수 있는 교육과정을 찾아보는 것이었다. 본업은 유지하는 게 목표였기에 뷰티 숍에서 일하며 배우는 것은 사실상 불가능한 상황이었다. 그래서 그녀는 직업훈련포털(HRD-Net)에 접속하여 근로자 국민내일배움카드 교육과정을 검색하여 지역, 시간, 커리큘럼 등을 비교하며 꼼꼼하게 자신에게 맞는 과정을 선택하였다. 평일에는 근무를 하기에 야간과 주말 시간을 이용하여 교육과정을 이수했다. 기초와 심화 과정을 각각 수료하고 부족하다 싶은 내용은 동생의 도움을 받아가며 실무에 필요한 기술을 쌓아갈 수 있었다.

그러고 나서 그녀는 동생과 함께 뷰티 숍 오픈에 성공한다. 기술력이 확보되자마자 미루지 않고 바로 공간을 알아보고 계약하는 추진력이 한몫한 것이다. 목표를 잡고 교육을 수료하고 오픈하기까지 약 5개월의 시간이 소요되었다. 김 과장의 뷰티 숍은 철저하게 예약제로 이루어지기 때문에 평일 업무에 영향을 주지 않는다. 주말 시간을 효율적으로 활용하며 세컨드 잡의 역할을 확장해나가고 있다. 물론 고객의 예약이 처음부터 잘 이루어지지는 않았기에 홍보를 위해 골머리를 앓았고 초반에는 적자도 감수하였다.

그러나 "노력은 배신하지 않는다"라는 말도 있듯이 점점 예약 고객이 늘어났고 입소문을 통해 기존 고객의 지인뿐 아니라 타 지역에서 오는 고객도 많아졌다. 자리를 잡기까지는 아직 많은 시간과 노력이 필요할지도 모르지만 이런 행보라면 충분히 좋은 결실을 맺을 수밖에 없다.

완전히 다른 잡의 성공 요인

나 역시 김 과장에게 한 번 시술을 받으러 간 적이 있다. 평일엔 건설업에서 근무하고 주말에는 뷰티 숍에서 자신의 사업을 운영하고 있는 그녀는, 어찌 보면 쉬는 날 없이 근무하고 있었다. 그럼에도 불구하고 그녀는 앞으로의 미래를 위한 디딤돌이 되어주는 현재 상황을 즐겁게 받아들이고 있었다.

그녀는 "아직 부족해요. 온전히 이것을 본업으로 삼으려면 더욱 자리를 잡을 힘과 방법을 찾아야 해요"라고 말했다. 그래서 현재도 그녀는 멈춰 있지 않고 예약이 없는 시간에는 기술을 향상시키기 위해 교육을 들으러 다니고 있다. 고객이 원하는 기술이 워낙 다양하다 보니 차근차근 향상시켜나가고자 하는 것이다.

그녀의 앞날이 더 기대되는 이유는 무엇일까? 생각만 하고 멈추는 것이 아니라 추진력과 실행력을 발휘하여 얼마든지 자신이 목표하는 바를 이뤄내기 때문일 것이다. 미래를 설계할 때에는 구체적이어야 한다. 그래야 당장 다음 단계로 무엇을 할지가 눈에 뚜렷하게 그려진다. 그녀의 성장 욕구도 본받을 만하다. 더 나아갈 길을 고민하고 필요한 교육을 찾으며 자신의 것으로 만드는 원동력이 있으니 말이다.

또한 김 과장을 보며 내가 말하고 싶은 것은 "주변인들이 날 바라보는 객관적인 시선도 놓치지 말아야 한다"라는 것이다. 여동생이 분석한 김 과장의 강점이 뷰티 숍과 맞지 않았다면 다른 이야기의 조언을 해줬을 것이다. 어떻게 보면 나 스스로는 주관적일 수 있기 때문에 나의 성향이나 강점을 객관적으로 보고 조언해줄 수 있는 주변인들의 이야기에 귀를 기울여보자. 그리하면 멀티잡을 위한 플러스 요소가 되어줄 것이다.

영어 실력 하나로
이직의 신이 된 재주꾼

커리어를 위한 다양한 시도와 변화

D 씨는 해외에서 학교를 다니며 자연스럽게 영어 실력이 향상되었다. 방학 때마다 한국에 놀러오면 시간이 많이 남았고, 할 수 있는 일을 찾아 시작한 것이 방송국 통역 아르바이트였다. 그것이 계기가 되어 시사교양 프로그램 팀 조연출로 1년의 시간을 보내게 된다. 어린 시절부터 사회의 전반적인 이슈에 관심이 많아 다큐멘터리 PD를 꿈꾸었기 때문이다. 이때 인도, 태국, 홍콩, 미국, 브루나이 등 다양한 국가를 다니며 경험한 것을 기반으로 그녀는 콘텐츠 업계로 진로를 결심하게 된다. 콘텐츠 업계에서 'K-콘텐츠' 해외 사업을 하는 것을 궁극적인 목표로 삼은 것이다.

하지만 현실은 녹록지 못했다. 콘텐츠 하면 떠오르는 유명 대기업들 위주로 지원하였으나 취업의 높은 문턱에 부딪혔고 결국 중견 게임회사에 합격하였다. 이때부터 많은 사람들이 그러하듯 자신이 생각한 것과 다른 업무와 환경으로 인해 '내 길이 맞나?' 하는 방황을 겪게 되었다. 왕복 네 시간 이상의 출퇴근 시간, 낮은 월급 등도 한몫했다.

이러한 D 씨의 상황을 알고 있던 지인은 화장품 업계의 이야기를 해주며 이직을 권유했다. '나의 영어 실력을 본격적으로 활용할 수 있다'라는 확신으로 D 씨는 화장품 해외 영업 업무로 진로를 변경하였다. 물론 콘텐츠 업무에 대한 아쉬움은 있었으나 화장품 해외 영업에서 다양한 국가의 업체와 거래를 하며 높은 실적을 낼 수 있었고, 이는 다른 기업으로부터 스카우트 제의를 받는 것으로 이어졌다. 이후 화장품 스타트업 기업으로 이직하여 상품을 직접 기획하고 만드는 역할까지 전반적으로 담당하며 회사의 매출을 향상시키는 데 큰 기여를 하게 된다.

D 씨는 스스로의 커리어 스타일을 찾아가기 위해 늘 고민하였다. 무엇보다 업무의 지루함을 느끼지 않아야 하며 자신의 강점을 활용하여 인정받는 것이 중요하다는 것을 발견하였다. 업무의 스펙트럼이 넓고 다양해야 매너리즘에 빠지는 것을 막을 수 있는 것이다. 그녀는 하나의 일만 잘하는 것이

아닌 다양한 일을 폭넓게 잘하는 제너럴리스트(Generalist)가 되고자 했다. 이에 그녀는 본업에만 집중하지 않고 자신이 할 수 있는 추가적인 역할들을 찾아서 시도하였다. 지인으로부터 '자사 상품(PB 상품) 기획 및 제작 프로젝트'를 제안받아 본업 외의 시간을 활용하여 함께 참여하기도 했다.

영어 실력 똑똑하게 활용하기

D 씨는 본업을 하면서 커리어를 넓혀가기 위한 새로운 시도와 경험을 두려워하지 않고 도전하였다. 그것이 부업이 되었든, 이직이 되었든 말이다. 새로운 수익 구조를 기대하기도 했지만 하나의 경험이 어떤 기회의 장으로 새롭게 열릴지 모른다는 생각 때문이었다. 그리고 그 새로운 기회를 위해 그녀가 가장 강력한 경쟁력으로 활용한 것은 자신의 강점인 영어 실력이었다.

이직을 할 때에도 영어를 강점으로 활용할 수 있는 해외 사업 업무를 공략하였고, 자신의 영어 실력이 이점이 될 수 있는 부분을 면접에서 최대한 어필하였기에 많은 기회가 주어지기도 하였다. 일을 하며 여가 시간엔 다큐멘터리 영상을 번역하거나 '숨고, 크몽'과 같은 플랫폼을 활용하여 영어 번역의 도움이 필요한 사람들과 거래를 하며 수익을 냈다. 그리고 회사에서 외국 모델과 통역이 필요할 때에도 지원을 나가 추가적인 인센티브를 받기도 하였다.

"강점이 강점을 부른다"라는 말도 있듯이 영어가 출발점이 되어 새로운 경험을 하게 되면 그 경험 안에서 또 새로운 능력치를 쌓게 된다. 해외 사업의 프로세스, 화장품 상품의 기획부터 고객 관리까지의 전반적인 이해도 등을 함께 쌓을 수 있었던 것처럼 말이다. 외국인 화장품 모델을 만나 통역을 진행함으로써 실제 사용자의 피드백도 들을 수 있었고 그것이 새로운 기획의 업무를 담당할 때 개선점을 찾고 보완하는 것으로 활용되었다.

그녀는 자신의 강점인 영어를 똑똑하게 활용함으로써 이직의 기회를 적극적으로 잡을 수 있었으며 업무뿐 아니라 영어를 활용하고 실력을 지속적으로 쌓아갈 수 있는 활동 역시 적극적으로 찾아 나섰다. 그래서 그로 인해 파생되는 다양한 기회가 열렸고 자신의 커리어에 플러스 요소가 되는 결과를 낳은 것이다.

자신의 강점에 집중할 것

D 씨의 경우처럼 자신의 핵심 강점은 무엇인지 생각해보길 바란다. 여러 경험을 통해 자연스럽게 획득한 것, 노력을

통해 꾸준히 향상시킨 것 등 다양한 요소로 말이다. 그 핵심 강점은 지식뿐 아니라 성격이 될 수도, 기술이 될 수도 있다. 그리고 그것이 핵심 강점으로 인정받으려면 객관적인 수준에서 살펴보는 것도 필요하다. 강점을 통해 어디까지의 성과와 결과물을 만들어낼 수 있는지 말이다.

여러 가지가 아닌 단 한 가지의 강점이어도 괜찮다. 그것을 활용하여 여러 방면에서 수익을 내고 그것이 또 기반이 되어 새로운 경험과 기회, 능력치를 쌓을 수 있게 되는 것이다. D 씨는 영어 실력을 강점으로 활용하며 만나게 된 기회들을 놓치지 않았고 그것이 또 다른 결과로 연결되어 해당 업계에서의 업무 능력으로 성과를 낼 수 있었다. 영어를 활용해 해외 영업 업무를 한 것뿐 아니라 화장품 기획의 전반적인 프로세스를 경험하고 그것이 자신의 커리어가 된 것처럼 말이다. 이제는 그것에서 더 발전하여 또 다른 연결고리를 통한 성과를 내게 될 차례다. 콘텐츠 업계에서 게임 분야, 화장품 해외 영업과 기획까지 D 씨는 새로운 분야의 기회가 올 때마다 외면하지 않고 도전하였다. 그랬기에 그 기회에서 연결된 또 다른 기회가 지속적으로 찾아오는 것이다.

우리는 자신에게 온 변화의 기회를 잡을 수 있는 용기도 필요하다. 그 변화가 왜 필요한지 이해하고 어떤 방식으로 어떤 결과까지 낼 수 있는지를 생각하며 말이다.

자신의 핵심 강점을 찾고 집중하여 그것을 활용한 역할이 나 더욱 업그레이드할 수 있는 방향을 고민한다면 새로운 자신의 강점을 만들어주는 것으로 연결될지도 모른다. 한 가지였던 핵심 강점이 여러 가지가 될지도 모를 일이다. 이것은 커리어 관리를 위한 합리적인 방법이 될 수 있음을 기억하자.

핵심 강점을 활용한 커리어 개발

이처럼 커리어에서 자신의 핵심 강점을 활용하는 것이 얼마나 중요한지 이해할 수 있었다. 한 가지의 강점이더라도 집중하고 활용한다면 그 강점으로 인해 새로운 기회의 장이 연결될 수 있다는 것도 말이다. 그리고 그런 새로운 기회가 주어졌을 때 필요하다면 두려워하지 않고 선택하는 용기도 우리가 가져야 하는 부분이다.

활용할 수 있는 핵심 강점에는 무엇이 있는지 발견하고 활용해보자. 객관적인 수준에서 생각하며 강점을 활용한다면 원하는 이직에 도전할 수도 있고, 추가적인 수익 구조로 연결되며, 다방면의 커리어 관리를 해나갈 수도 있다. 영어 실력을 활용하여 이직뿐 아니라 통번역 업무를 수행한 D 씨의 사례도 있고, 디자인 스킬을 이용하여 본업 외에도 간단한 명함, 컵홀더 등의 디자인 아르바이트를 하는 경우도 있는 것처럼 말이다. 자신의 핵심 강점을 활용하여 뻗어나갈 수 있는 다양한 방향과 길을 탐색하며 커리어를 개발하고 관리해나가는 것이 필요하다.

작사가를
꿈꾼 아나운서

아예 다른 길로 플러스 알파를 만들다

MBC의 김수지 아나운서는 작사가 활동을 병행하며 멀티 잡 홀더로서 화제가 되고 있는 인물이다. 그녀는 아나운서가 되기까지 리포터, MC 등을 모두 포함하여 100번 이상 서류를 지원하였으나 계속 탈락의 고배를 마셨다. 기업에 입사 지원을 한 후 합격하지 못했을 때 많은 취업준비생들이 좌절감을 느끼는 것처럼 그녀 역시 세상이 자신을 거절하는 느낌을 받았다고 한다. 그러나 계속되는 탈락에도 포기하지 않고 도전하였기에 결국 2017년 MBC 입사에 성공하였다.

또한 그녀는 어린 시절부터 작사가가 꿈이었다. 대형 기획사에서 진행하는 전국 순회 오디션의 작사가 분야로 지원을 수차례 하였으나 매번 탈락의 고배를 마셔야 했다. 그 당시에는 자신의 길이 아니다 생각하였기에 꿈을 접었으나 10년이 지난 뒤 이루지 못한 꿈을 꺼내어 재도전하고자 한 것이다. 아나운서로 이미 활동을 하고 있는 중에 2년간 주말마다 학원을 다녔고 학원으로 들어온 데모 작업을 여러 번 한 끝에 결국 작사가로 멋지게 데뷔할 수 있었다.

300회 이상의 데모 작업의 결과가 거절로 돌아왔지만 그녀가 포기하지 않고 도전하며 힘들게 작사가가 된 이유는 무엇일까? 자신의 전문 영역을 하나 더 만들고자 했기 때문이다. '대표적인 유명 프로그램을 맡아야 성공한 아나운서다'라는 인식이 있는데, 그녀는 무엇을 해야 잘하고 있다 말할 수 있는지, 어떻게 해야 스스로가 만족할 수 있을지 등 여러 혼란을 겪게 되었다. 그리고 다른 아나운서와 스스로를 비교하며 '내게는 무엇이 부족한 걸까?' 하는 고민과 함께 자존감이 많이 하락되었다고 한다. 그녀는 '아예 다른 길로 플러스알파를 만든다면 자존감이 향상될 수 있을 거야'라고 믿었고 바로 행동으로 옮겼다.

꿈을 실현하기까지

이루지 못한 꿈을 안고 사는 사람들이 많다. 누군가는 가

수나 배우의 꿈이 있기도 하고, 누군가는 글을 쓰거나 손수 무엇인가를 만드는 것을 원한다. 그러나 현실에 부딪히다 보니 간절히 바라던 꿈을 접고 실제 자신의 직업으로 가져갈 수 있는 분야를 모색하고 준비하게 되는 것이다. 그러다 보니 직장인들을 대상으로 한 연극이나 밴드 동호회가 활발히 이루어지고 글쓰기 관련 아카데미나 글쓰기 공간도 인기가 있다. 어디선가는 다양한 공방 운영을 통해 자신이 원하는 것을 손수 제작하거나 판매하기도 한다. 당장의 수익으로 이어지는 것이 아니더라도 취미활동 등을 통해 자신의 꿈을 조금씩 펼치는 사람들이 점점 많아지고 있다.

김수지 아나운서 역시 작사가라는 본래의 꿈을 다시 펼치기까지 여러 다짐과 생각, 도전의 행동들이 있었다. 평일에는 출근을 했고 주말에는 학원을 다니며 공부했으며 마인드를 다잡는 것 역시 중요했을 것이다. 자신이 본래 하고 싶었던 길에 대한 도전이라는 이유 때문에도 시작하였지만, 많은 이들이 잡의 불안정성에 대한 고민이 있듯 그녀 역시 입지를 다지기 위한 전략적 수단으로도 시작했다고 볼 수 있다.

그녀는 작사가로서의 활동을 시작한 이유를 아나운서라는 길에서 도망갈 수 있는 새로운 길을 찾기 위함이 아니라 자신의 마음을 분산시킬 길이 필요했기 때문이라고 말한다. 작사가로서 데모 작업을 하며 수백 회 이상 거절당하였으나 그럼에도 불구하고 그녀는 가사를 쓰는 시간이 행복했다. 현재 본업을 유지하며 자신의 꿈이었던 길을 함께 걸어간다는 것이 그런 긍정의 힘이 되었을 것이다. 그녀는 작사의 길이 아나운서로서 입지의 힘듦을 느꼈을 때 자신의 자존감을 지켜주는 방패이자 아나운서와 작사가라는 두 세계를 지탱해주는 힘이라고 말한다. 우리도 자신의 본업과 꿈 사이를 지탱해줄 수 있는 힘을 찾아보는 것이 필요함을 느낄 수 있다.

김수지 아나운서뿐 아니라 작사가를 준비하는 사람들은 무수히 많다. 학원도 여러 곳이 있으며 수강생도 수백 명이 넘는다. 하나의 곡을 위해 작업하고 지원하는 사람이 얼마나 많을지 가늠이 되지도 않는다. 그중 자신의 가사가 선정되기 위해서는 수없이 많은 노력과 시간을 투자하고 버텨야 할 것이다. 그들 중에는 작사가가 본업인 사람도 있고 여러 잡 중 하나의 도전으로 받아들이는 사람도 있을 것이다. 물론 그 둘은 마음가짐이 다를 수 있겠으나 어느 누구 하나 간절하지 않은 사람은 없다. 내가 이루고자 하는 방향을 위해 우리는 수많은 노력을 할 준비가 되어 있어야 한다.

자신이 갖고 있던 꿈이 무엇이었는지 떠올려보자. 그리고 그 꿈을 실현시키기 위한 현실적인 도전 방법에는 어떤 것이 있는지 찾아보고 쉽게 무너지지 않는 마인드를 갖춰간다면 멀티잡의 방향을 실현시킬 수 있다.

진입장벽은 스스로 만든 것일 수 있다

김수지 아나운서가 도전한 분야들은 사실 많은 이들이 생각했을 때 결코 쉽지 않은 길이라고 여겨질 수 있다. 아나운서와 작사가라는 직업은 진입장벽이 높다고 여겨지는 경우가 많기 때문이다. 그러나 그 장벽은 결국 스스로가 만든 것일 수 있다는 점을 인지해야 하며, 해보기도 전에 먼저 장벽을 높이는 일은 없어야 한다.

우리는 그녀의 전략에서 배울 점을 찾아야 한다. 지금 현재 분야에서 자존감이 떨어질 때는 생각보다 많다. 실적을 내지 못했을 때, 역할이 모호할 때, 주변 동료나 후배들과 비교될 때 등 자주 발생할 수 있는 일이다. 그러나 그녀는 아나운서로서 자존감이 떨어지는 상황이 왔을 때 그로 인한 좌절감을 계속해서 느낀 것이 아니라 입지를 단단히 할 수 있는 다른 방향으로 시선을 돌리며 찾아 나섰다. 자신의 수익 구조를 분산시키며 길을 새로 개척해나갔기에 초조함과 불안감을 컨트롤할 수 있었을 것이다.

또한 여유 시간을 활용한 현실적인 준비까지 행동으로 옮겼다. 한 곡만 지원하는 것이 아닌 300회 이상을 지원하였기에 그 높은 경쟁률 속에서도 결국 결실을 맺을 수 있었다. 자신을 믿고 포기하지 않고 행동으로 옮긴다면 결국은 작든 크든 결과가 나오게 된다는 것을 그녀를 통해 우리는 배울 수 있다. 그녀는 현재 책 출판도 예정되어 있으며 이제는 작가로서의 새 길도 개척해나가고 있다. 새롭게 도전하고 열어갈 수 있는 길과 방향에는 무엇이 있는지 찾아보고 실제 행동으로 옮겨보자.

행동으로 옮겼고 시도했기에 가능한 것

누군가는 막연하게 생각했던 길을 누군가는 실제로 이루어낸다. 그 사람들이 특별해서도 능력이 출중해서도 아니다. 행동으로 옮겼고 시도했기 때문에 가능했다. 간절하게 바라는 꿈이 있다면 여러 번 실패하더라도 꾸준하게 도전해보자. 그 꿈을 실현함과 동시에 그것으로 인해 얻게 되는 것이 분명히 있을 것이다.

물론 도전과 실패는 반복될 수 있다. 그러한 실패가 반복되면 패배감과 좌절감이라는 부정적인 감정으로 영향을 줄 수도 있을 것이다. 그러나 그것을 자신의 무능력함이라 생각하지 말고 더 나은 결실을 위한 추가적인 시도였다 생각해보자. 그리고 거기에서 더 업그레이드된 다음번을 도전한다면 원하는 꿈을 조금이라도 이뤄내는 결과가 나올 것이다.

새로운 시작을
다시 할 수 있는 용기

나이 '서른'이 주는 의미

'서른'이라는 나이에 대해 누군가는 많은 것을 이뤄내야 하는 부담스러운 시기라 말하고 누군가는 얼마든지 새로운 출발을 할 수 있는 전환점의 나이라고도 한다. 나 역시 서른이 되기 전에는 그 나이가 어른의 상징 같았으나 막상 서른이 되고 보니 한창 고민이 많고 선택의 기로에 놓여 있는 시기라고 느꼈다.

현재 웨딩스튜디오에서 사진 보조작가로 일하고 있는 J 씨 역시 서른에 자신의 꿈을 위해 과감히 지금까지의 경력을 뒤로하고 밑바닥부터 새로운 도전을 하게 되었다. 그녀의 첫 직업은 요리 분야였다. 어려서부터 자신의 식당을 갖고자 하였기에 20대 초반부터 요리를 시작했다고 한다. 보조부터 시작해서 주방 일뿐 아니라 운영을 위한 전반적인 것까지 공부하고 습득하여 지방에 내려가 동업자와 함께 가게를 오픈하였다. 그러나 동업에 문제가 생겨 가게를 폐점하게 되었고 당시 요식 업계에 대한 회의감을 느끼며 진로에 대한 고민이 많아졌다.

이에 머리를 식힐 겸 친구와 유럽 여행을 떠나게 되었고 그곳에서 J 씨는 두 번째 진로 분야를 발견했다. 바로 한국인 현지 가이드의 모습을 보고 가이드 직업을 선망하게 된 것이다. 이후 한국에 돌아와 여행사에서 가이드로 일할 수 있는 방법을 알아본 뒤 체계적으로 외국어 공부와 관광 관련 자격증 등을 준비하여 결국 가이드로 일을 하게 되었다. 특히 미국 알래스카(Alaska) 가이드로 일을 하며 다양한 미국의 주(State)를 방문하였고 추후 현지 가이드가 되기 위해 목표를 세우고 준비하였으나 안타깝게도 코로나19의 영향을 받게 되었다.

J 씨는 나이를 먹는 것에 대한 부담감도 있었고 스스로의 문제가 아닌 외부로부터 영향을 받는 현실에 대한 방황도 하게 되었다. 그러나 언제까지 방황만 할 수는 없으므로 가장 먼저 '내가 지금까지 살아오며 무엇을 할 때 진심을 다해 즐거워했나?' 하며 진지하게 고민하였다. 그리고 그녀는 가이

드 일을 할 때 다른 사람들의 사진과 영상을 찍어주고 서툴러도 편집도 해주며 완성 파일을 고객에게 전달했을 때 그들이 좋아하는 모습을 보는 것이 뿌듯했음을 기억하였다. 그 후 '행복한 사람들의 모습을 사진으로 남겨주고 싶다'라는 생각이 들었고 용기를 내어 사진작가의 길로 새로운 출발을 하게 되었다. 현재 그녀는 웨딩스튜디오에서 사진 보조작가로 일하고 있다. 그리고 그녀는 웨딩 업계에서의 새 미래를 설계하며 한 발자국씩 나아가고 있는 중이다.

밑바닥부터 시작할 수 있는 힘

사진작가 J 씨는 본인이 갖고 있는 모든 경력을 포기한 채 새로운 출발을 한 것이다. 지금까지의 경력을 살려 이직을 하였다면 더 좋은 연봉이나 조건으로 우대를 받을 수도 있었을 것이다. 그러나 '내가 새롭게 희망하는 분야를 명확히 찾았기에 그런 현실적인 조건들은 추후 얼마든지 채워나갈 수 있다'라고 생각하며 밑바닥부터 시작하였다.

J 씨처럼 선택의 기로에 놓여 있는 사람들이 많을 것이다. 지금이 이직을 할 때인 것 같은데 해당 업계에서 부정적인 감정을 느꼈어도 경력을 인정받을 수 있는 길을 택할 것인지, 새롭게 내가 하고 싶은 분야를 다시 찾아봐야 할 것인지 말이

다. J 씨는 '내가 원하는 길이라면 기꺼이 새롭게 시작하는 도전 정신이 필요하다'라는 마인드로 선택하고 임하였다. 또한 J 씨는 가이드를 준비할 때도, 사진작가에 도전할 때도 허투루 시작하지 않았다. 충동적이고 즉흥적인 것이 아닌 내가 이 길을 택하는 이유를 명확히 하고 준비해야 할 것을 꼼꼼하게 살펴보며 판단하였다. 그에 맞게 판단이 이뤄지면 바로 실천으로 옮김으로써 결과를 내기 위해 노력하였다.

물론 보조작가로 일을 하며 힘든 상황도 많이 겪었고 다양한 부분을 감내해야 했다. 생각한 것과 다른 부분도 있었고 새로운 일을 하는 것에 적응도 필요했다. 그러나 '어떤 조직을 가든, 어떤 일을 하든, 적응이라는 것은 피할 수 없는 노력의 과정이다'라고 생각했다. J 씨는 이런 마인드가 과감히 새로운 도전을 할 수 있는 기반이 되어주었다고 말했다.

웨딩 업계의 한 획을 긋고 싶다는 포부

J 씨가 일하고 있는 스튜디오는 메인 포토그래퍼가 세 명이다. 세 명의 스타일이 모두 다르다 보니 보조작가로 일을 하며 여러 선배들의 장점을 보고 흡수하려 노력하고 있다. 누군가는 구도에 강점이 있고 누군가는 고객 응대와 표현력을 끌어내는 데 강점이 있다. 요즘은 웨딩 촬영 콘셉트 역시 다

양해지고 있으며 작가들의 아이디어가 요구되는 경우가 많으므로 기본적인 촬영 실력 외에도 참신한 기획력이 필수다.

이에 따라 J 씨는 틈틈이 트렌드를 공부하며 사진 촬영 연습에 매진하고 있다. 일생일대(一生一大)의 행사인 결혼을 위해 자신의 실력을 발휘하고 그 결과물을 보며 행복해하는 사람들의 모습은 힘든 업무에서도 앞으로 나아가게 하는 힘이 되어줄 것이다. 이에 새로운 도전이라는 상황에서도 J 씨는 불안함과 두려움보다는 설렘과 희망으로 자신의 미래를 그리고 있다. 기본 업무 외에도 자신만의 연습과 공부를 병행하며 포트폴리오를 완성해나가고 있으며, '웨딩 업계의 한 획을 그을 사진작가가 되고 싶다'라는 포부가 뚜렷하다.

출발의 방식과 상황은 사람마다 다르다. 나이, 경력 등 어떤 환경에서 시작하였는지가 중요한 것이 아니라 그 길에서 자신에게 맞는 방향을 잡아가는 것이 중요하다. 생각하지 못한 경험에서 얻은 자신의 직업을 기회로 선택하는 것도, 방향을 잡은 뒤 성장을 위해 구체적으로 설계하고 노력하는 것도 우리가 의미를 두고 기억해야 할 부분이다.

경험에서 찾은 결단
대부분의 사람들은 지금까지 쌓아온 커리어와 경력을 버

리는 것이 아까워 새로운 도전을 위한 선택을 주저하게 된다. 그러나 자신의 판단과 맞지 않는 길을 가고 있을 때 단지 경력이 아깝다는 이유로 그것을 억지로 붙잡는 상황은 적절하지 않다. 다시 처음부터 시작하더라도 도전하고 싶은 분야를 과감히 선택하는 것이 멀리 봤을 때 나에게 좋은 방법이 될 수도 있다.

또한 새로운 분야를 선택하였다면 더욱 집중하고 몰입하는 자세도 중요하다. 당장 눈앞의 이익을 생각하기보다는 멀리 보고 미래를 계획하는 자세가 필요하다. 체계적이고 현실적인 준비 방법을 갖춰감으로써 새로운 분야의 경쟁력을 쌓아갈 수 있다. 즉, 커리어를 개발해나가는 과정에서 뚜렷한 목표를 세우고 실현시켜나가는 자세가 필요하다. 지금까지 자신이 해온 경험은 다양할 것이다. 직무와 관련된 고민이 있다면 그런 자신의 경험에서 가장 인상적이었던 순간을 떠올려보는 것도 방법이다. 그리고 때로는 결단력 있는 선택과 그것에 집중하는 노력이 필요하다는 것을 기억하자. 멀티잡을 위한 새로운 선택의 방법이 될 수 있다.

막막한 취업, 어려운 이직에 관해 묻다

MULTI
JOB

Q1. 식품영양학과에 재학 중인 대학생입니다. 저는 마케팅 분야 취업을 희망하고 있습니다. 그러나 제 전공은 마케팅과는 동떨어져 있습니다. 그렇다고 포기하고 싶지는 않은데…. 어떻게 준비하면 가능해질까요?

A. 진로를 선택할 때 방사형으로 연계하여 연결고리를 찾아야 합니다. 식품영양학과라는 전공을 살리며 마케팅 분야로 진출할 수 있는 길을 생각해보세요. 가장 대표적으로 다양한 식품회사의 마케팅 직군에 도전해보는 것입니다. 자신의 전공을 강점으로 식품에 대한 이해도를 어필해보시고 마케팅 분야와 관련된 전공이 아니었어도 강점이 되는 활동들이 다양하게 있습니다. 식품 회사에서 진행하는 공모전, 마케터즈와 같은 대외활동 등을 통해 경험을 풍부하게 만들어본다면 충분히 승산이 있습니다. 또한 마케팅 직무는 SNS 관리를 잘하고 소비자 트렌드를 분석하거나 마케팅 방안에 대한 아이디어를 내는 능력이 필요합니다. 희망하는 직무에 필요한 역량을 생각하며 자신이 갖고 있는 이점을 이용하시길 바랍니다.

Q2. 고1 자녀를 둔 학부모입니다. 지금 고등학교에서는 고교학점제가 시행 중인데, 진학 학과를 결정하고 과목을 선택한다는 것이 쉽지가 않습니다. 지금의 선택이 추후 영향을 미칠까 걱정도 되고…. 일단 당장 신청해야 하는데 가이드를 어떻게 잡아주어야 할까요?

A. 고교학점제를 현명하게 이용하기 위해서는 대학 계열과 학과, 미래 직업에 대한 충분한 이해가 필요합니다. 우선 지금 현재 1순위로 희망하는 진로 분야가 정해져 있다면 해당 직업에 대한 상세한 탐색을 먼저 해보며 로드맵을 설계해야 합니다. 대학교의 어떤 학과를 전공해야 하는지, 그에 따른 고등학교 과목 선택은 무엇이 좋은지 확인하는 것입니다. 아직 진로에 대한 선택이 명확하지 않다면 희망 진로에 대한 방향부터 설정해가야 합니다. 자녀의 적성에 맞는 진로와 학과를 탐색해가고 그것이 힘들다면 당장은 과목 정보에 대한 이해를 먼저 한 후 조금이라도 흥미를 갖고 있는 것부터 선택해보세요. 이후 구체적인 희망 대학과 학과의 입학 요강 등을 살펴보며 해당 대학에서 우선시하는 필요 과목을 확인해보시길 바랍니다.

Q3. 유통 분야에 종사하고 있는 재직자입니다. 요즘은 이직 잘하는 것이 곧 능력이라고도 하잖아요. 다른 분들은 똑똑하게 잘만 하는 것 같은데 저는 영 방법을 모르겠어요. 이직 잘하는 팁에는 어떤 것이 있을까요?

A. 우선 이직을 원하는 분야가 지금 현재의 업종과 직무와 동일한지, 같은 업종이지만 직무가 다른지, 혹은 다른 업종의 같은 직무인지, 아니면 아예 다른 업종과 직무인지 등에 대해 생각해보세요. 그래야 각 목표에 맞는 준비사항이 그려집니다. 이직을 할 때는 무작정 퇴사를 하고 알아보기보다는 회사를 다니며 틈틈이 알아보고 준비하는 것이 유리합니다. 마음을 급하게 먹지 말고 희망하는 급여와 회사의 업종과 직무, 준비사항을 체계적으로 기획해야 합니다. 그리하다 보면 추가적으로 필요한 자기계발이나 포트폴리오 완성 방법의 길이 보일 것입니다. 거기에 더불어 현재 회사에서의 결과물을 꼼꼼히 정리하여 자신의 강점과 이력으로 어필한다면 똑똑한 이직이 가능해집니다. 평판 관리 역시 경력자에게는 중요한 요소임을 기억하세요.

Q4. 전공은 영어영문학과이며, 복수전공은 경영학과입니다. 전공을 살려 진출할 수 있는 분야는 무엇이 있는지 이야기는 많이 들었지만 아직 명확하게 저의 진로를 못 잡겠어요. 진로를 잡아야 무엇이든 준비를 할 텐데 걱정입니다. 곧 졸업인데 말이죠…. 어떻게 하면 좋을까요?

A. 진로 선택 기준을 명확히 해야 합니다. 좋아하는 일을 할 것인가, 자신 있는 분야를 선택할 것인가 등 말입니다. 영어영문학과와 경영학과를 살려 진출할 수 있는 분야들이 많습니다. 그리고 그 분야들은 각각 업무 스타일과 역할이 다를 것입니다. 구체적으로 하는 일 등을 정리해보세요. 직무마다의 장단점을 정리해보는 것도 방법입니다. 우선 졸업 후 천천히 고민하고 직업을 선택할 수 있는 상황이 아니라면 지금 현재 정리한 내용에서 우선순위를 고려해보고 현실적으로 준비가 가능한 자격증, 필요 교육 등부터 시작해봐야 됩니다. 또한 진로를 아예 잡지 못하는 상황이라 아무 것도 하지 못한 채 시간만 계속 가는 것이 고민이라면 전공을 살려서 할 수 있는 활동부터 찾아서 먼저 시작해보세요. 해당 경험에서 얻은 것을 토대로 취업 시 어필할 수 있습니다. 만약에 경험을 통해서 진로가 변경되었다면 변경된 이유, 직무에 대한 확고한 마음가짐 등을 정리하고 그것을 기반으로 더욱 맞춤형으로 준비해갈 수 있습니다.

Q5. 제 연봉은 3천만 원 중반대입니다. 나름 절약하며 모으고 있지만 공과금에 카드 값에 각종 경조사비까지…. 나갈 돈이 많으니 잘 모아지지 않네요. 요즘 다른 사람들은 제2의 월급이라고 여러 가지 잘만 버는 것 같은데 저는 뭘 어떻게 하면 좋을지 하나도 모르겠어요. 어떻게 하면 좀 더 안정적인 수익을 만들 수 있을까요?

A. 제2의 월급을 버는 사람들을 부러워하며 이런 고민을 하고 있는 분들이 많습니다. 또한 그런 기회의 장도 많이 열려 있습니다. 다양한 멘토 관련 플랫폼(숨고, 크몽, 클래스101 등)을 참고하여 자신 있는 역할이나 관심사, 현 직무에서의 내용, 주변에서 인정받은 실력 등을 활용하여 천천히 시작해보세요. 혹은 멘티로서 참여하여 관심 있는 것을 먼저 배우고 추후 그것을 이용하여 수익을 내는 것도 방법입니다. 각종 재테크, 스마트 스토어, 전자책 출판 등의 경로도 있습니다. 가장 먼저 도전하기 용이한 것부터 시작해보세요.

Q6. 제약회사 인사 담당자입니다. 워낙 취업준비생들이 열심히 취업을 준비하다 보니 모두 우수해 보입니다. 그래서 오히려 채용의 어려움을 겪고 있는데요. 무엇을 기준으로, 어떤 점을 유심히 살펴보며 평가하는 것이 좋을까요?

A. 최근 취업준비생들이 갖추고 있는 능력을 보면 놀라울 정도로 대단합니다. 전문 교육과 컨설팅을 받는 경우도 있어 자기소개서와 면접 준비의 퀄리티도 높을 것입니다. 표면적으로 보여지는 것이 아닌 진정성 있는 자신만의 경험 준비도와 경쟁력을 살펴봐야 합니다. 같은 인턴 경험을 했더라도 누군가는 더욱 그 안에서 배우고 성장하기 위해 노력했을 것입니다. 선배에게 배우기 위해 질문을 적극적으로 했거나 역할을 더 맡기 위해 자발적으로 나섰거나 관련 프로젝트를 겪어보며 현장의 분위기와 프로세스를 익혔거나 등으로 말입니다. 혹은 자신의 분야에 애정을 갖고 있는 사람들은 따로 포트폴리오나 스크랩 자료, SNS 등을 통해 나타내기도 하며 관련 업종에 대한 최근 이슈와 소식에 민감하게 반응하며 자신의 견해를 덧붙이는 연습을 합니다. 그런 내용을 확인할 수 있는 질문들을 생각해보시길 바랍니다.

Q7. 요즘 금융권도 그렇고 다양한 업계에서 코딩 실력, 개발자 업무 능력을 중시한다고 합니다. 취업에도, 이직에도, 높은 연봉을 받는 데에도 유리하다고 합니다. 그런데 저는 완전 문과 출신입니다. 준비할 방법이 있을까요?

A. 개발자 업무를 지원하는 것이 아니더라도 코딩 실력을 갖추고 있는 문과 출신자가 취업에 유리하다는 이야기가 언젠가부터 확산되고 있습니다. 아무래도 여러 업계와 회사에서 코딩을 통해 업무 자동화로 변화하는 트렌드가 있기 때문일 것입니다. 이것을 코딩만으로 제한하여 생각하지 마시고 'IT와 관련한 다양한 기술이 필요한 것이다'라고 생각해야 합니다. 코딩뿐 아니라 컴퓨터 안에는 워낙 다양한 프로그램과 기술이 존재하고 있고 지원하는 직군마다 활용하는 내용과 영역이 다르기 때문입니다. 특히 프로그래밍 언어를 배우는 것은 전공자나 해당 직군에 지원하는 분들만큼의 실력을 갖추는 것은 무리입니다. 취업에 유리하게 이용하는 정도를 원하시는 거라면 유튜브, 서적, 온라인 강좌 등을 통해 기본 코딩을 배우는 방식으로 접근하셔서 "기본 업무 자동화를 이해하고 있고 코딩이 이루어지는 흐름을 세세하게는 아니더라도 전체 흐름 정도는 이해하고 있습니다" 하고 어필해보세요. 그리고 무엇보다 본 업무에 대한 경쟁력을 갖추는 것이 더 우선이라는 것을 잊어서는 안 됩니다.

Q8. 글 쓰는 일을 하는 프리랜서입니다. 프리랜서 근무 형태가 추세가 될 것이라 하지만 아직은 보편화된 상황은 아닌 듯합니다. 불안정하고 힘드네요. 안정적인 커리어를 갖춰가려면 무엇이 필요할까요?

A. 프리랜서뿐 아니라 많은 직장인들도 자신의 커리어에 대한 미래의 불안정성을 걱정하는 것이 어쩔 수 없는 요즘의 현실입니다. 수익의 안정화를 원하는 것이라면 글을 쓰는 수단과 플랫폼을 다양화시켜 수익 구조를 여러 버전으로 기획하고 도전하는 것이 필요합니다. 종이책, e-book, 온라인 공간의 플랫폼, 블로그 등의 수단을 여러 가지로 늘리거나 글을 쓰는 것으로 끝이 아닌 글을 잘쓰는 방법을 멘티들에게 알려주는 활동을 기획하는 것도 좋습니다. 또한 미래 커리어 설계를 명확하게 그려놓아야 합니다. 목적지가 명확한 사람은 그만큼 그것을 달성하기 위한 길을 그리는 것역시 명확해집니다. 무엇을 해야 할지가 눈에 보이므로 지금의 불안감을 줄일 수 있을 것입니다. 작은 행동도 결국 결실로 돌아오게 되어 있으니 실천할 수 있는 길을 그려보세요.

Q9. 저는 50대 여성입니다. 30대 초반에 결혼을 하고 아이를 키우며 많은 사람들이 그렇듯 경력이 단절된 채 가정주부로 살아왔습니다. 이전에는 기업에서 회계 일을 했어요. 이전 직업을 살리고 싶은 생각은 없습니다. 그저 제 일을 갖고 싶은데, 오랜만에 취업 준비를 하려니 막막하네요. 어떻게 분야를 선택하고 준비를 해나갈 수 있을지 방법 좀 알려주세요.

A. 경력이 단절되신 분들을 대상으로 하는 정부 지원 사업들이 있습니다. 지원금을 받을 수 있거나 전문 상담을 받거나 관련 프로그램에 참여하여 체계적인 준비 방법을 배울 수도 있습니다. 지역별 고용복지플러스센터, 일자리센터, 여성새로일하기센터, 여성인력개발센터 등을 통해 전문적인 지원을 받아보시는 것을 추천합니다. 우리나라에 존재하고 있는 직업은 무수히 많습니다. 직업에 대한 정보를 탐색하고 그중 현실적으로 가능한 대안을 선택해야 하므로 상담을 통해 준비가 가능한 선을 구체적으로 파악해보세요. 이후 국비 지원 훈련을 이수하며 자격증을 취득하거나 기술을 배움으로써 취업의 가능성이 더욱 열릴 것입니다. 오랜만에 준비하는 만큼 취업 시장의 변화를 이해하고 이력서와 자기소개서, 면접 준비도 차차 배워간다면 충분히 가능성이 있습니다. 무엇보다 새로운 도전에 대한 열린 마인드를 갖추고 스스로의 가능성을 믿는 것이 중요하다는 것을 기억하세요.

Q10. 지금 저는 편의점 업계에서 매장 관리와 영업 지원을 담당하는 일을 7년째 하고 있습니다. 사실 요즘 슬럼프가 왔는지 일이 재미가 없어요. 딱히 이 업계를 떠나고 싶다거나 구체적으로 무슨 일을 하고 싶다고 정해져 있는 것은 아닙니다. 이직을 하든, 안 하든 크게 상관이 없는 상태지만 제 커리어에 있어 업그레이드는 필요하다 생각해요. 방법이 있을까요?

A. 한 가지 일을 계속 하다 보면 슬럼프가 오기도, 번아웃이 오기도 합니다. 새로운 역할이나 활동을 만들어보세요. 예를 들어 이력서나 포트폴리오를 업데이트함으로써 경력 관리를 위해 자기계발하면 좋을 것을 찾아보거나 근무 외의 시간을 활용하여 새롭게 배울 수 있는 것을 찾을 수도 있습니다. 클래스101 같은 플랫폼에서 관심 있는 분야의 교육을 들을 수도 있고 퇴근 후 저녁 시간이나 주말 시간을 활용하여 국비지원 교육을 받을 수도 있습니다. 혹은 SNS를 통한 커뮤니티를 활용해 서로 스터디를 하며 정보를 주고받을 수도 있습니다. 그러한 배움과 자기계발이 결국 자신의 것이 되어 추가적인 수익을 창출하게 된다면 커리어 업그레이드로 연결될 것입니다.

MULTI
JOB

**몸값이 10배
뛰는 이직 프로젝트**

이직 혁명

이창현 지음 | 16,000원

**이직 필수 시대! "더 이상 이직이 두렵지 않다"
나의 가치를 높여 채용 시장에서 살아남는 방법**

직장인들은 늘 자신의 직장에 대해 고민한다. 그러나 이직하고 싶다고 해서 그냥 이력서만 넣는다고 되지 않는다. 《이직 혁명》은 헤드헌터이자 커리어 컨설턴트인 저자가 다양한 직장인들을 성공적인 이직으로 안내해온 이직 노하우를 한 권으로 담아낸 책이다. 이직 준비를 위한 커리어 패스 만들기부터 채용 시장에서 살아남는 경력기술서와 면접 스킬, 헤드헌터와 함께하는 이직 준비까지 세세한 사항들을 설명한다. 이 책을 통해 급변하는 사회에서 기업이 원하는 인재상에 맞게 자신의 커리어를 개발하는 방법을 얻고, 이를 바탕으로 원하는 회사로 이직할 때까지 이직 활동을 지속해 나갈 수 있는 원동력을 갖게 되길 희망한다.

**대학교 2학년
월 천만 원
순수익 노하우**

ZZIN 디지털 노마드 창업

류희은 지음 | 14,500원

**사무실로 출근하지 않아도
근로소득 만드는 디지털 노마드 창업!**

이 책은 현시대에 가장 알맞으면서도 즐겁게, 어렵지 않게 시도할 수 있는 '디지털 노마드 창업'에 대해 소개한다. 대학교 2학년에 월 1,000만 원을 벌기 시작하면서 20대에 벌써 미니 은퇴를 선포한 저자는 스타트업, 프리랜서, 1인 기업까지 다양한 경험을 해왔다. 이를 바탕으로 스타트업, 프리랜서, 1인 기업의 차이점을 설명하며 왜 디지털 노마드 창업이 좋은지, 디지털 노마드 창업을 위해 꼭 필요한 것, 디지털 노마드 회사 운영기, 꾸준히 디지털 노마드 라이프를 즐기는 방법 등을 알려준다.

플랫폼과
콘텐츠의
관계 분석

애프터 코로나 비즈니스 4.0

선원규 지음 | 18,000원

**강력한 생태계를 만들어가는 플랫폼 사이에서
생존하는 콘텐츠를 발견하라!**

앞으로의 미래 시장에서 살아남으려면 플랫폼과 콘텐츠 중에서 어떤
것에 중점을 두어야 할까? 이 책은 이 문제에 대해 해결점을 찾아갈
수 있도록 플랫폼과 콘텐츠를 자세히 다루고 있다. 현 사회와 플랫폼
과 콘텐츠의 상관관계를 이야기하며 플랫폼과 콘텐츠 사업모델의 다
양한 종류를 소개한다. 또한 어떻게 해야 강력한 플랫폼과 콘텐츠를
만들 수 있을지 그 전략을 설명하며 앞으로의 미래 시장의 전망을 다
루고 있다. 이 책을 통해 수많은 콘텐츠가 유입되는 사랑받는 플랫
폼, 플랫폼의 러브콜을 받는 콘텐츠를 개발할 수 있을 것이다.

해외 취업 초보를
위한 심화 Q&A

링크드인 취업 혁명

김민경 지음 | 17,000원

**나는 세계 어디든 원하는 곳으로 취업한다!
'링크드인'으로 시작하는 해외 취업 성공 노하우!**

많은 글로벌 기업이 기존의 경영 시스템을 전환하고 새로운 인재를 발
굴하고 있다. 이는 국내뿐만 아니라 해외에서도 다양한 기회를 얻을
수 있다는 것을 의미한다. 그렇다면 취업과 이직을 준비하는 사람들
은 어떻게 대응해야 할까? '링크드인'은 북미와 유럽권 직장인 90%
이상이 사용하는 것은 물론 일반 사업자들도 해외사업 파트너를 찾기
위해 사용하는 세계 최대 비즈니스 소셜미디어 플랫폼이다. 이 책은
링크드인을 활용한 프로필 셋업, 포지션 어필, 포트폴리오 작성, 해
외 취업에 맞는 인재로 거듭나는 방법 등 해외 취업을 위한 노하우가
담겨 있다. 링크드인을 무기 삼고 활용한다면 원하던 해외 취업 성공
의 문이 열릴 것이다.